BIBLIOTHÈQUE DE TOUT LE MONDE.

VIE

DE SAINT VINCENT DE PAUL

Imprimerie de BEAU, à Saint-Germain-en-Laye.

VIE
DE
SAINT VINCENT DE PAUL

AVEC UNE INTRODUCTION

Par M. l'abbé **MULLOIS**.

PARIS

A. JOSSE, LIBRAIRE-ÉDITEUR

5, RUE CASSETTE, 5

Bureau de la *Gazette des campagnes*.

—

1859

PRÉFACE

Il manquait certainement un livre à la *Bibliothèque de tout le monde*; c'était une *Vie de saint Vincent de Paul*. D'abord en France, grâce à Dieu, la charité est bien venue chez tous. De plus, Vincent de Paul a été vraiment l'homme de tout le monde : l'homme des riches de la terre, en leur apprenant à échapper à la séduction de la richesse par les charités ; l'homme des petits et des pauvres, en leur tendant une main secourable ; l'homme, ou plutôt non, la Providence de tous ceux qui souffraient des douleurs du corps ou des douleurs de l'âme.

Saint Vincent de Paul est un saint dont la vertu ne décourage pas ; après avoir lu sa vie, on ne s'écrie pas avec tristesse : Hélas ! que c'est difficile de se sauver !... je ne pourrai jamais... inutile même d'essayer !... Au contraire, on s'écrierait volontiers : Que c'est beau !... qu'il était bon !... que ne puis-je le suivre un peu de bien loin!... Essayons, je l'aime tant!... C'était un si beau caractère!... Voilà le vrai type du caractère français et chrétien!... Aussi sa mémoire est vénérée partout; mais on ne le connaît pas en détail, si ce n'est dans les classes lettrées; ailleurs, on en a une idée vague : disons-le néanmoins, l'idée est bonne, quoique bien incomplète; témoin cet ouvrier auquel on parlait de saint Vincent de Paul : « — En avez-vous entendu parler? lui dit-on. — Je le crois bien, répondit-il; n'est-ce pas celui qui a inventé les enfants trouvés? »

Ce qui est beau dans la vie de saint Vincent de Paul, ce sont surtout les détails. Et il y en a tant et de si touchants!... Il y a même des mots qui seraient spirituels, s'ils n'étaient un produit de son cœur. Citons quelques-uns de ces détails :

De son temps, le faubourg Saint-Marceau n'était pas beaucoup plus riche, paraît-il, qu'il ne l'est aujourd'hui. Pauvre faubourg, quand donc sera-t-il millionnaire? le progrès n'a pas même encore remis ses vêtements dans un état de complète intégrité. Donc, du temps de saint Vincent, il y eut une cherté et on souffrait beaucoup dans ce pauvre quartier. Il fut touché de ces souffrances; il envoya une réunion de personnes charitables s'installer sur une place publique avec de grandes marmites : c'étaient les fourneaux économiques de ce temps-là ; on distribuait des soupes à la foule, et Vincent de Paul, lui, distribuait de bonnes petites instructions ; on devine facilement que l'auditoire était nombreux. Le saint en était charmé.

Mais un jour, les prudents, les sages de l'époque vinrent essayer de le désabuser et voulurent lui faire comprendre qu'il pourrait bien perdre son temps ; que tout ce monde-là venait beaucoup pour sa soupe et guère pour ses sermons.

Je le sais bien, répondit-il, mais il faut parler au corps avant que de parler à l'âme ; Notre-Seigneur a suivi cette méthode ; il a nourri la foule au désert, redonné la vue aux aveugles, l'ouïe aux sourds, etc.; il commença par agir, et puis il enseigna. Moi, je n'en puis faire autant, je n'ai pas le don des miracles ; j'y supplée autant que possible par de la soupe.

Un jour, le même saint n'avait plus d'argent, et beaucoup de misères restaient à soulager ; dans sa détresse, il va trouver la reine Anne d'Autriche et réclame assistance. Je n'ai plus rien, répondit-elle, j'ai tout donné ; alors le saint s'armant d'une hardiesse toute chrétienne, ajouta : Et vos diamants ?
— Les voici, répliqua la reine ; je vais vous les

donner, à la condition que vous n'en direz rien à personne. — Le secret, Madame ! non, répondit le saint, je ne puis le garder ; j'ai du bien à faire : il faut, pour l'intérêt des pauvres, qu'un si grand exemple de charité soit connu de tout le royaume.

Par sa naissance, saint Vincent de Paul appartenait au peuple ; il aimait à redire qu'il n'était que le fils d'un paysan, qu'il avait autrefois gardé des troupeaux : nulle vie ne va donc mieux à tous les lecteurs. Naturellement, on aimera sa bonté; et qui sait si, après avoir aimé la charité de Vincent de Paul, on n'aimera pas aussi son Dieu ?

VIE

DE SAINT VINCENT DE PAUL

LIVRE PREMIER

Le nom de Vincent de Paul est le plus populaire et le plus béni des noms. Philosophes ou croyants, catholiques ou sectaires, riches ou pauvres, grands ou petits, rois ou peuples, tous le prononcent avec amour. C'est qu'il est une sublime expression de la charité. Vincent de Paul a été la personnification des vertus de dévouement et de sacrifice, telles que les peut apprécier l'universalité des hommes. On voit en lui une victime de l'humanité ; chaque douleur de l'âme, chaque souffrance du corps, chaque misère de la vie a trouvé dans ses œuvres, dans ses exemples, dans ses paroles, une consolation ou une espérance. On dirait un envoyé du ciel pour recevoir les larmes des hommes et pour bénir les infortunes.

I

L'ENFANCE ET L'ÉDUCATION DE VINCENT DE PAUL.

Saint Vincent de Paul naquit en 1576, le mardi d'après Pâques, dans le petit village de Pouy, près d'Acqs, ville épiscopale située sur les confins des landes de Bordeaux, non loin des Pyrénées. Ses parents étaient pauvres des biens de ce monde, ils vivaient de leur travail; son père se nommait Jean de Paul; sa mère, Bertrande Moras; leur fortune consistait en quelques petits héritages qu'ils cultivaient de leurs mains. Six enfants partageaient leurs travaux et soutenaient leur vieillesse; Vincent, qui était le troisième, menait paître et gardait les troupeaux de son père. Lorsque la Providence appela le saint prêtre aux honneurs de l'Église, il aimait à se rappeler ces temps de joie et d'innocence, et se rabaissant de toute la hauteur de ses dignités, il se plaisait à répéter qu'il était le fils d'un pauvre paysan, et qu'il avait commencé sa vie par garder les troupeaux.

Cependant il y avait dans l'enfance de Vincent de Paul quelque chose qui révélait les hauts desseins de Dieu sur sa personne; au milieu des occupations simples de la vie champêtre, on remarquait je ne sais quelle élévation pieuse qui avait souvent étonné ses humbles parents.

Dans les environs du village de Pouy, il existe une antique chapelle dédiée à la Vierge sous le titre de Notre-Dame-de-Buglosse; les traditions rapportent qu'elle fut l'ouvrage de ces pieux chrétiens qui, fuyant les glaives des Maures, se réfugièrent au milieu des montagnes, et sauvèrent leur foi dans la retraite. Vincent de Paul, encore enfant, avait voué à cette chapelle le culte pur de l'innocence : lorsque le soleil ne dorait plus le sommet des Pyrénées, et que le jeune berger avait ramené ses moutons, on le voyait, prosterné au pied des autels, offrir d'ardentes prières à la mère du Sauveur.

Il puisait surtout dans ces habitudes de piété cette charité profonde qui, plus tard, se manifesta sur un plus vaste théâtre. On conserve la mémoire, dans le pays où naquit saint Vincent de Paul, de quelques traits de bienfaisance qui annonçaient déjà le père des pauvres. Tous les samedis, le jeune Vincent allait chercher au moulin la farine nécessaire pour les besoins de la semaine ; dans son chemin, de pauvres villageois que les malheurs de la guerre avaient ruinés, sollicitaient sa bienfaisance ; s'il avait réuni quelques économies, il s'empressait de les partager entre ces indigents ; mais lorsque ses économies étaient épuisées, il ouvrait le sac qu'il avait chargé sur ses épaules, et leur donnait de la farine à pleines mains. Un jour il avait amassé près de trente sous ; il destinait ce petit trésor à ces délassements, à ces plaisirs si naturels à l'enfance ; mais ayant rencontré un paysan qui paraissait dans une bien grande misère, il lui donna cet argent qu'il avait recueilli, sans en réserver la moindre partie, de sorte qu'on disait dans tout le pays, avec l'ancien Patriarche, *que la miséricorde était née avec lui.*

Son intelligence et ses vertus n'échappèrent point à l'attention pieuse de ses parents ; ils résolurent de livrer à l'étude un si heureux naturel. Il y avait alors dans la société des aggrégations d'hommes qui, renonçant au monde, se consacraient à l'éducation publique ; là, les traditions des bonnes études se transmettaient d'âge en âge ; les hommes mouraient, mais les institutions restaient debout, et ces grands travaux qu'une seule vie ne peut entreprendre et achever, se confiaient comme un dépôt aux générations qui remplaçaient les vieillards. Il y avait cela d'admirable dans cette grande et belle organisation religieuse, qu'elle s'adaptait à tous les besoins de l'éducation sociale, et que l'enfance y trouvait ses humbles enseignements, comme la science ses lumières les plus profondes. Le jeune Vincent fut mis au couvent des cordeliers de la ville d'Acqs, sous la protection d'un de ses parents ; il y étudia avec ardeur, et ce fut alors que son père résolut de le consacrer à l'état ecclésiastique, parce que, comme le dit l'Écriture : *Il ne faut point laisser la lampe sous le boisseau.*

Il reçut l'ordre de sous-diacre le jour de la Conception de la sainte Vierge (1598), et au mois de décembre de la même année il se revêtit de la robe des diacres, et enfin fut ordonné prêtre le 23 septembre 1600. Les grands vicaires d'Acqs, le siége vacant, le pourvurent de la cure de Thilh, petite ville non loin de sa patrie ; cette cure lui étant contestée par un compétiteur qui l'avait obtenue du Saint-Siége, il ne voulut point entrer dans un débat qui eût produit un scandale dans l'Église.

Vincent se remit à l'étude, et alors, plus que jamais, il eut besoin de ces pieuses préoccupations, car son père mourut dans cet intervalle ; il abandonna sa petite fortune et le champ de ses aïeux à sa mère, à ses frères et à ses sœurs, et se mit à la tête d'un établissement d'éducation religieuse, où de jeunes ecclésiastiques venaient écouter ses leçons et suivre ses conseils.

Vincent prit ses grades à l'université de Toulouse, et un exemple remarquable de son humilité, c'est qu'il ne divulgua jamais cette circonstance de sa vie qui aurait pu l'avancer rapidement dans les honneurs ecclésiastiques : il semblait préférer dire comme l'Apôtre : « Je n'ai point estimé savoir au- » tre chose, sinon Jésus-Christ, et Jésus-Christ cru- » cifié. » Après sa mort, ses papiers seuls révélèrent qu'il avait étudié plus de seize ans, tant dans la ville d'Acqs que dans l'université de Toulouse, et qu'il y avait acquis tous les grades de la science ecclésiastique.

II

SA CAPTIVITÉ EN BARBARIE.

Cette époque commence la première épreuve de Vincent de Paul ; heureuses épreuves, dit un saint personnage, qui marquent souvent les desseins de Dieu sur les enfants des hommes ! Quelques affaires l'avaient appelé à Marseille. Un gentilhomme chez lequel il vint habiter, lui proposa de retourner par mer dans sa ville natale : Vincent y consentit ; tout présageait un heureux voyage ; mais Dieu avait d'autres pensées. Ici, laissons raconter à saint Vincent lui-même, dans son vieux et simple langage, les périls et les souffrances d'une pénible captivité. « Je m'embarquai pour Narbonne, afin
» d'y arriver plus tôt et pour épargner quelque
» chose que je destinais aux pauvres. Le vent
» nous était tellement favorable, que nous devions
» arriver ce jour-là même à bon port, si Dieu n'a-
» vait permis que trois brigantins turcs, qui cô-

» toyaient le golfe de Lyon, pour attraper les bar-
» ques qui venaient de la foire de Beaucaire,
» ne nous eussent attaqués si vivement, que deux
» ou trois des nôtres étant tués, tout le reste bles-
» sé, et moi-même ayant reçu un coup de flèche
» qui me servira d'*horloge* (de souvenir) tout le
» reste de ma vie, nous n'eussions été contraints
» de céder à ces félons. Les premiers éclats de
» l'orage tombèrent sur notre pilote ; ils le hachè-
» rent en mille pièces ; cela fait, ils nous enchaînè-
» rent, et après nous avoir grossièrement pansés,
» ils poursuivirent leur *pointe*, faisant mille vole-
» ries ; ils prirent enfin la route de Barbarie, tan-
» nière et spelonque de voleurs. »

Les chrétiens captifs furent conduits couverts de méchants habits à Tunis, et placés pêle-mêle dans le marché public ; le lendemain on les attacha deux à deux à de longues chaînes, dont le retentissement réjouissait les infidèles. On entendait leurs rires grossiers et les applaudissements de la multitude. On les reconduisit ensuite sur le navire où les marchands vinrent les voir pour les acheter. « Ils nous
» visitèrent, continue Vincent de Paul, tout de
» même que l'on fait l'achapt d'un cheval ou d'un
» bœuf, nous faisant ouvrir la bouche pour voir
» nos dents, palpant nos côtes, sondant nos plaies

» en nous fesant cheminer le pas, trotter et courir,
» puis lever des fardeaux, et puis lutter pour voir la
» force d'un chacun, et mille autres sortes de bru-
» talités. »

Je ne puis résister au plaisir de citer encore Vincent de Paul, et c'est lui-même qui va nous raconter les détails de sa triste et pénible captivité. « Je
» fus vendu à un pêcheur qui, contraint de se dé-
» faire de moi, parce que je ne pouvais supporter
» la mer, me céda ensuite à un vieillard médecin,
» qui avait travaillé, disait-il, pendant cinquante
» ans à la recherche de la pierre philosophale;
» il m'aimait et voulait m'attirer à sa loi; mais
» Dieu m'avait inspiré la ferme conviction que ma
» captivité serait bientôt brisée, et je crois que
» l'intercession de la sainte Vierge contribua
» puissamment au succès de mes vœux. Le vieil-
» lard médecin étant mort, je fus vendu à un réné-
» gat de Nice, qui me mena en son thémas (sorte
» de fief tenu du grand seigneur); il était situé dans
» la montagne et non loin des déserts. Le renégat
» avait trois femmes, deux grecques schismatiques,
» la troisième turque, qui servit d'instrument à
» l'immense miséricorde de Dieu pour retirer son
» mari de l'apostasie. Curieuse qu'elle était de sa-
» voir notre façon de vivre, elle me venait voir

» tous les jours aux champs où je fossoyais, et un
» jour elle me commanda de chanter les louanges
» de mon Dieu ; le ressouvenir du *Quomodo canta-*
» *bimus in terra aliena ?* des enfants d'Israël, me
» fit commencer, la larme à l'œil, le psaume *Super*
» *flumina Babylonis* et le *Salve Regina,* à quoi elle
» prenait tant de plaisirs que c'était merveille ; elle
» ne manqua pas de dire à son mari, le soir, qu'il
» avait eu tort de quitter sa religion qu'elle croyait
» très-bonne pour les louanges que j'avais chantées
» en sa présence ; en quoi elle disait qu'elle avait
» ressenti un tel plaisir, qu'elle ne croyait pas que
» le paradis de ses pères et celui qu'elle espérait fût
» si glorieux, ni accompagné de tant de joie que le
» contentement qu'elle avait ressenti pendant que
» je louais mon Dieu ; concluant en cela qu'il y avait
» quelque merveille. » Le saint captif rapporte ici
la conversion du renégat, leur fuite miraculeuse à
travers les déserts et les flots. Ils arrivèrent à
Aigues-Mortes, et venant ensuite à Avignon, le
vice-légat les accueillit *avec la larme à l'œil et le*
sanglot au cœur, et plein d'un saint enthousiasme,
il réconcilia avec l'Eglise les brebis égarées. Ainsi
Dieu, dans sa toute miséricorde, semblait préparer
les voies aux éclatantes vertus de saint Vincent. Le
pieux esclave rapporta de la servitude un esprit de

compassion, un souvenir ineffaçable des misères de la captivité.

III

VOYAGE DE SAINT VINCENT A ROME. — IL DEVIENT CURÉ DE CLICHY.

Alors toute l'Église chrétienne avait les yeux sur Rome. De toutes les parties de l'univers, les prêtres de Jésus-Christ venaient dans un pieux pèlerinage recueillir les conseils et la pensée de celui que le Sauveur a préposé au gouvernement de son Église. En l'année 1608, Vincent vit cette Rome, devenue réellement la ville éternelle, et éprouva comme une sainte ivresse à l'aspect de cette capitale du monde chrétien, tombeau de saint Pierre, trône de l'Eglise militante. Il était heureux de marcher sur la terre que tant de grands saints avaient foulée, et cette consolation l'attendrissait jusqu'aux larmes. C'est à Rome que saint Vincent connut le cardinal d'Ossat, qui représentait Henri IV et la France auprès du

Saint-Siége, et pour la première fois il fut mêlé aux choses périssables de ce monde. L'illustre prélat le chargea d'une commission de haute confiance auprès de Henri IV, et ce fut par obéissance qu'il parut à la cour. Les mémoires du temps commencent à parler à cette époque de saint Vincent, non pour signaler sa participation aux intrigues de la politique, à ces intérêts humains qui fixent seuls l'attention de l'histoire, mais pour révéler les vertus modestes et le zèle du père des pauvres.

Suivrons-nous maintenant l'homme pieux dans cette vie cachée au monde, mais bien connue de Dieu et des infortunés? On trouve dans les Mémoires de Dufresne, « que, dès ce temps-là, saint Vincent paraissait fort humble, charitable et prudent, faisant du bien à chacun et n'étant à charge à personne, circonspect en ses paroles, écoutant paisiblement les autres sans jamais les interrompre; et que dès lors il allait soigneusement servir et exhorter les pauvres malades de la Charité. » Durant ces pieux exercices, saint Vincent visita souvent les Pères de l'Oratoire, et suivit avec régularité ces saintes retraites qui retrempent les âmes et les excitent à la méditation, comme le dit un philosophe de l'antiquité païenne. Le P. Bérulle était alors célèbre par le monde chrétien; il avait traversé les longues agitations de la Ligue, et loin des intrigues des factions, il avait acquis l'expérience des faits, et cette science de théologie et d'histoire que le moyen âge avait léguée informe au siècle qui venait de s'ouvrir sous l'influence de l'imprimerie. Vincent de Paul avait pu connaire et apprécier les grandes qualités du P. Bérulle ; il lui voua une tendre vénération : la société gagne toujours à l'amitié de deux hommes de bien, et l'on rapporte qu'ils conçurent dès lors la généreuse pensée des grandes fondations qu'effectua plus tard Vincent de Paul. Ce fut de l'Oratoire que l'homme saint reçut la cure de Clichy, dans la banlieue de Paris même.

C'étaient de pauvres paysans qu'il allait avoir à guider ; un petit champ, un humble presbytère, quelques droits sur les récoltes, formaient tout le patrimoine de l'ouvrier évangélique : il accepta sans hésiter, et cependant les mémoires rapportent qu'il venait de refuser la riche abbaye de Saint-Léonard-du-Chaume, et le titre brillant d'aumônier de la reine. Vincent de Paul préféra à toutes ces grandeurs l'humble condition de curé de campagne.

Qu'elle est précieuse la vie de ces pasteurs obscurs qui se consacrent au culte de l'Eternel au mi-

lieu de la vie simple des champs ! Loin de l'ambition turbulente et des dissipations d'un monde qui n'est rien pour lui, le curé de village n'aspire qu'à une seule gloire, celle d'un nom vénéré dans la contrée, et que les générations se lèguent comme un exemple par la bouche des vieillards. Ces nombreux devoirs, cette obscurité de la vie convenaient à l'âme ardente et simple de saint Vincent de Paul. On le voyait incessamment occupé au service de son troupeau, à visiter les malades, consoler les affligés, soulager les pauvres, apaiser les inimitiés, maintenir la paix et la concorde dans les familles, et verser dans le cœur des méchants ces paroles d'exhortation qui les entraînent, et sont pour eux comme la voix de Dieu même. On trouve dans un sermon qui fut prononcé à peu près vers ce temps par un docteur de la faculté de Paris, dans la petite paroisse de Clichy, l'éloge de saint Vincent, en un style qui caractérise l'époque. « Je célèbre, dit-il,
» dans le petit Clichy celui qui a fait naître par les
» ordres du Ciel cette petite fontaine qui commence
» si heureusement d'arroser l'Eglise, et qui, visi-
» blement, se fait un grand fleuve mille fois plus
» précieuse que le Nil sur l'Egypte spirituelle. Je
» m'employais, lorsqu'il jetait les fondements d'un
» si saint et si salutaire ouvrage, à prêcher ce bon

» peuple de Clichy, dont il était curé ; mais j'avoue
» que je trouvais que ces bonnes gens vivaient
» universellement comme des anges, et qu'à vrai
» dire, j'apportais la lumière au soleil. »

L'Eglise était pauvre ; au milieu des guerres civiles et des troubles que la réforme avait fait naître, les sanctuaires avaient été dépouillés, et les factieux n'avaient épargné ni les autels, ni les prêtres ; des mains profanes avaient dérobé les saintes reliques et les vases sacrés, tribut héréditaire de la piété des fidèles. Tous les efforts de saint Vincent tendirent à réparer les maux de la guerre. On a fait un reproche à l'Eglise de ce luxe des autels, de ces ornements magnifiques, que consacre la main des prêtres ; il semble cependant que rien n'est plus naturel que cette sainte prodigalité de la piété reconnaissante, que cette consécration à Dieu des choses auxquelles les hommes tiennent le plus, et, pour nous servir d'une expression de l'Écriture, que cette offrande au Maître de l'univers, de l'*or pur d'Ophir*, et des *vases d'airain ciselés*.

IV

VINCENT DE PAUL SE CHARGE DE L'ÉDUCATION DES FILS D'EMMANUEL DE GONDI.

L'obéissance est la première vertu, comme le premier devoir du sage : Nous ne sommes point dans la vie, dit Platon, pour satisfaire nos goûts et nos préférences : tel aime la retraite et abborre l'écho, qui est entraîné au milieu du monde; tel autre aime le monde et ses distractions, que la fortune jalouse laisse dans la solitude. A peine Vincent de Paul exerçait-il depuis quelques années les modestes fonctions de curé de Clichy, qu'il fut arraché de cette douce obscurité par les avis et, j'oserai dire, par les commandements du P. Bérulle.

Il était alors dans les habitudes des grandes maisons de France de choisir, parmi les ordres religieux, ceux qui devaient préparer l'éducation et former les mœurs de la famille. Le comte Emmanuel de Gondi, dont la maison se perdait dans la nuit des temps, avait demandé au supérieur de l'Oratoire un prêtre simple et modeste, qui pût présider à l'éducation de ses fils. Le P. Bérulle désigna le charitable curé de Clichy, dont les vertus retentissaient déjà dans la contrée. Vincent de Paul versa des pleurs en quittant l'humble presbytère où il avait passé tant d'heureux jours. « Je m'éloignais tristement de ma petite église de Clichy, dit-il dans une de ses lettres; mes yeux étaient mouillés de larmes, et je bénis, en sanglotant, ces hommes et ces femmes qui venaient vers moi, et que j'avais tant aimés. Mes pauvres y étaient aussi, et ceux-là me fendaient le cœur. Je marchais avec mon petit mobilier sur la route de Clichy; j'arrivai à Paris le 5 janvier au soir, et, après avoir sollicité les conseils du P. Bérulle, je me rendis chez M. de Gondi. Cette maison devait être pour moi comme un monde nouveau; elle était brillante comme la cour, et je quittais la retraite! Mais l'homme peut se faire un désert au milieu des cités, une solitude dans les distractions. On me donna une belle chambre, et j'y vécus comme dans une cellule, m'occupant de mes devoirs et de l'éducation de MM. de Gondi. »

La conduite de Vincent de Paul dans cette illustre maison fut toujours digne de lui; on rapporte divers traits de sa vie qui relèvent encore l'éclat de ses vertus.

A la suite d'un différend assez vif, M. de Gondi, alors général des galères, crut son honneur intéressé à appeler en duel un seigneur de la cour. Les préjugés chevaleresques étaient alors dans toutes leurs susceptibilités. Le moyen âge survivait dans ces combats singuliers, car un grand prince n'avait point encore arrêté le bras aveugle de la noblesse de France. Vincent de Paul fut instruit de ce dessein, et, voulant donner à ses exhortations toute la force d'un grand spectacle religieux, et tout l'appareil, pour ainsi dire, des commandements de Dieu même, il fit célébrer la messe. Lorsque le sacrifice fut achevé, il tomba aux genoux de M. de Gondi, et lui dit : « Monseigneur, je sais que vous
» allez vous battre en duel; je vous annonce, au
» nom du Sauveur, que vous venez d'adorer avec
» moi dans le pain mystérieux de l'Eucharistie,
» que, si vous ne quittez le mauvais dessein que vous
» avez formé, Dieu tonnera sur vous et sur toute
» votre postérité. » Noble usage de l'autorité du sacerdoce, qui apparaît pour calmer les passions et désarmer les ressentiments !

C'est dans la maison de M. de Gondi que saint Vincent conçut la pensée des missions religieuses.

Il y a, dans le cœur de l'homme, une sorte de pudeur malheureuse qui l'empêche souvent de remplir ses devoirs, et qui a besoin, pour disparaître et s'effacer, d'une voix amie qui provoque le courage de la pénitence. Saint Vincent avait suivi madame de Gondi dans ses terres de Normandie. Un paysan du château de Folleville était dangereusement malade; il avait toujours eu la réputation d'un homme de bien; saint Vincent voulut cependant, dans une confession générale, examiner sa vie tout entière, et, dans ces révélations d'une âme expirante, il trouva que cet homme s'était rendu coupable de différentes fautes qu'une malheureuse pudeur l'avait empêché de révéler. « Ah ! » monsieur, dit le paysan au pieux ecclésiastique, » j'étais damné, si je n'eusse fait une confession » générale, à cause de plusieurs gros péchés que » je n'avais jamais osé avouer. » Ces paroles furent une voix du ciel qui éclaira Vincent de Paul; et il comprit que cette situation de l'âme, arrêtée par la honte d'un aveu, devait être fréquente parmi les pauvres paysans qui n'avaient point assez de lumières pour en comprendre les dangers, et dès lors il résolut ces missions qui se dirigèrent vers les villages, et portèrent, avec les aumônes des fidèles, des paroles d'une vérité sévère, et les me-

naces d'un Dieu qui ne connaît pas les fausses vanités des hommes. Il commença par l'église de Folleville, et voici ce qu'il nous raconte lui-même de ses saintes prédications : « J'exhortais les habi-
» tants à une confession générale, je leur en re-
» présentais l'importance et l'utilité, et puis je leur
» enseignais la manière de la bien faire; et Dieu
» eut tant d'égards à la confiance et à la bonne foi
» de madame de Gondi, qu'il donna la bénédiction
» à mon discours, et toutes ces bonnes gens furent
» si touchées de Dieu, qu'ils vinrent pour faire
» leur confession générale. Je continuai à les in-
» struire et à les disposer aux sacrements, et com-
» mençai à les entendre; mais la presse fut si
» grande, que, ne pouvant plus y suffire avec un
» autre prêtre qui m'aidait, madame de Gondi en-
» voya prier les Révérends Pères d'Amiens de ve-
» nir au secours. Elle en écrivit au Révérend Père
» Recteur, qui vint lui-même; et, n'ayant eu le
» loisir de s'y arrêter que fort peu de temps, il en-
» voya, pour travailler à sa place, le P. Foucher,
» de la même compagnie, lequel nous aida à con-
» fesser, prêcher, catéchiser, et trouva, par la mi-
» séricorde de Dieu, de quoi occuper ses loisirs.
» Nous allâmes ensuite aux autres villages qui ap-
» partiennent à madame, et nous fîmes comme au

» premier. Il y eut grand concours, et Dieu donna
» partout sa bénédiction. Et voilà le premier ser-
» mon de la mission, et le succès que Dieu lui
» donna le jour de la Conversion de saint Paul ;
» ce que le Seigneur ne fit pas sans dessein ce
» jour-là. »

Admirable simplicité, qui raconte le bien qu'elle a fait, comme s'il ne lui appartenait pas ! Heureux détachement des choses de ce monde, qui repousse l'encens dont se nourrissent les vanités profanes, et attribue à Dieu seul les succès de la parole évangélique !

Ces saintes occupations augmentaient l'opinion qu'on avait d'une telle vertu ; un concours nombreux de personnes allait vers le saint prêtre, et, selon l'expression de saint Augustin, le monde même s'ébranlait pour voir un sage. Mais la gloire a ses écueils, et l'humilité de saint Vincent, qui ne cherchait que des abaissements et des épreuves, ne pouvait supporter ce vain éclat, qui était pour son âme comme le bruit qui importune le malade. Il se souvint de ces paroles de saint Ambroise : « Moïse s'enfuit de la cour de Pharaon, de peur
» que le bon traitement qu'il y recevait ne souillât
» son âme, et que la puissance et l'autorité qui lui
» avaient été données ne fussent un lien qui l'y re-

» tint attaché (1). » Vincent sortit de la maison de madame de Gondi par une de ces résolutions d'humilité; il courut cercher un refuge dans la retraite, et se consacra au service des pauvres dans la campagne.

V

IDÉE PREMIÈRE DES ASSOCIATIONS DE CHARITÉ POUR LES PAUVRES ET LES PRISONNIERS.

Dans un cœur né pour le bien, les hasards mêmes de la vie deviennent le germe des bonnes actions. Vincent vivait dans une retraite profonde à Châtillon, ne visitant le monde que pour secourir les pauvres et consoler les affligés. Une éloquence populaire, la bonté touchante de ses paroles, une morale douce et bienveillante lui attachaient toutes les âmes. Quand il commençait une exhortation, les grands et les petits accouraient pour l'entendre.

---

(1) AMBROS., *lib. de Fug. sæculi, cap. IV.* Saint Vincent sortit de la maison de Gondi au mois de juillet 1617.

Vous eussiez dit une de ces écoles de morale où la Grèce venait écouter ses sages. Ces communications pieuses du pasteur et de ses brebis étaient toujours couronnées par une bonne action ; on n'oubliait jamais la famille du pauvre laboureur et le grabat sur lequel il gisait malade. On rapporte que, dans une de ces exhortations charitables, une dame l'interrompit pour le prier de recommander à la bienfaisance publique un paysan qui périssait de faim et de misère, non loin de Châtillon. L'homme de Dieu saisit cette occasion comme un bonheur ; il parla des misères publiques et des généreux préceptes de Jésus-Christ dans son Evangile. Ses paroles furent si efficaces, qu'après la prédication un concours nombreux de peuple, chargé de corbeilles de pain et d'aliments de toutes espèces, se rendit à la grange. Vincent de Paul les y accompagna ; et, comme cette multitude n'avait aucune règle, et que cette charité désordonnée ne secourait qu'un moment pour abandonner aussitôt, de sorte que les pauvres devaient retomber dans leur nécessité, Vincent comprit qu'il fallait un guide et des règles à la bienfaisance même. Il vit les femmes les plus zélées, les plus ardentes à la prière et à l'aumône, et chercha les moyens de rendre constantes et régulières ces distributions charitables que le pauvre attend du chrétien, et qui ont remplacé, autant que le comporte la société, cette communauté de biens de l'Eglise primitive. Il dressa, conjointement avec ces femmes vertueuses, un règlement destiné à être mis en pratique, et qui contenait le germe de ces associations charitables de notre temps ; et, pour nous servir de l'expression d'un vieil historien : « Cette association première en fit naître un plus grand nombre d'autres que Vincent et les siens ont depuis établies en France, en Italie, en Lorraine, en Savoie et ailleurs. »

Saint Vincent ne se détournait de cette charité pleine de zèle, que pour se livrer à la prédication dans les campagnes. Toutes les terres de M. de Gondy, tous les villages de la Normandie virent le vertueux missionnaire annoncer la parole de Dieu, et réveiller les remords dans l'âme des coupables. Cette même bouche qui prêchait le saint Évangile, annonçait aussi que les temps de charité étaient arrivés ; que le Seigneur commandait aux riches de secourir les pauvres, et que la piété sans bienfaisance ressemblait à ces vaines pratiques des Pharisiens, *race de vipères*, que le Seigneur proscrit dans son Évangile.

La vie chrétienne n'est jamais oisive. Dès que la charité embrase un cœur, elle l'excite et le presse continuellement. M. de Gondi avait obtenu le gouvernement des galères ; Vincent de Paul, toujours attaché à l'illustre famille de ce nom, comprit qu'il pouvait faire quelque bien dans ces misérables réduits, d'où semblent à jamais bannis la vertu et les remords : c'était là que le zèle avait besoin de toute sa force. Laissons parler Vincent lui-même, qu'il nous raconte ses travaux évangéliques dans les galères. « Je vis en arrivant un spectacle des plus pi-
» toyables qu'on puisse s'imaginer ; des criminels
» doublement misérables, plus chargés du poids
» insupportable de leurs fautes que de la pesanteur
» de leurs chaînes (1), accablés de tant de misères
» qu'elles leur ôtaient le soin et la pensée de leur
» salut, et les portaient incessamment au blasphème
» et au désespoir ; c'était une vraie image de l'en-
» fer, où l'on n'entendait parler de Dieu que pour
» le renier, et de la Providence que pour la mau-
» dire. Etant donc touché d'un sentiment de com-

---

(1) On a rapporté, sans en avoir des preuves, une action bienfaisante de saint Vincent à l'égard d'un forçat dont il prit les chaînes. Comme l'histoire que je trace est fondée sur des monuments incontestables, j'ai relégué dans les conjectures et les bruits populaires cette action qui n'est pas bien prouvée.

» passion envers ces pauvres forçats, je me mis en
» devoir de les consoler et de les attirer le mieux
» qu'il me fut possible, et surtout j'employai tout
» ce que la charité put me suggérer pour adoucir
» leurs esprits et les rendre, par ces moyens, sus-
» ceptibles du bien que je désirais procurer à leurs
» âmes ; j'écoutais leurs plaintes avec patience ; je
» compatissais à leurs peines ; j'embrassais leurs
» fers pour les rendre plus légers ; j'employais tout
» ce que mes prières et mes remontrances avaient
» de force pour que les officiers les traitassent avec
» plus d'humanité. »

Dans ce tableau tracé de la main de l'homme de Dieu, qui n'aperçoit l'immense fardeau que s'imposent ceux qui consument leurs veilles bienfaisantes au soulagement des prisonniers ? Que de répugnance il faut vaincre pour se mettre en rapport journalier avec ces êtres que la société a repoussés de son sein, mais que la religion nous présente encore comme dignes de la pitié des hommes ! Quelle résignation ne faut-il pas pour vivre au milieu de cette multitude flétrie par le crime, qui repousse quelquefois le remords comme un souvenir importun ou une pensée ridicule ! Aussi, quand je vois dans Vincent de Paul tant de charité, tant d'ardeur pour le bien, je suis entraîné à examiner une grande question de morale soulevée dans les temps modernes. On a prétendu que l'athée pouvait avoir cette bienfaisance qui pénètre au fond des cœurs et cette charité qui console, et que le sentiment religieux n'était point nécessaire pour exciter notre compassion sur les misères humaines. Quel secours cependant la bienfaisance pourrait-elle retirer du faux système de l'athée et du matérialiste; de ces systèmes où l'on suppose qu'une fatalité aveugle aurait produit des êtres intelligents, et que la justice, la raison, tous les beaux sentiments de l'âme résultent uniquement des coutumes et des conventions sociales. Cette pensée n'est-elle pas propre à dessécher le cœur et à rétrécir l'esprit? En quoi se réduirait la bienfaisance d'un peuple matérialiste? Quel prix attacherait-on aux belles actions chez des hommes qui ne voient partout que les tristes jeux du hasard? L'ostentation pourrait bien susciter quelques actes d'une charité vaniteuse; l'orgueil pourrait s'en servir comme d'une sorte de livrée et de luxe domestique; mais vous chercheriez en vain cette charité bienfaisante qui va au-devant de toutes les infirmités de la vie, qui rafraîchit l'âme après avoir soulagé tous les maux du corps; qui ne croit pas qu'il suffise d'assainir un cachot pour s'être acquitté envers un criminel repentant; qui sait enfin que le remords est encore plus pesant pour l'homme que les chaînes.

Ce n'était point cette charité stérile qui animait saint Vincent ; avec quelle onction, quelle douceur ne faisait-il pas entendre aux malheureux le langage de la religion et de la vertu ! Leurs maux sont les siens ; leurs chaînes, il semble qu'il les porte. Le voyez-vous, ce pieux missionnaire, se rendant avec toute la rapidité du zèle à Marseille, à Bordeaux et dans toutes les villes où se trouvent réunis de misérables condamnés ? Il sollicite, il prie pour eux. A Paris, ces infortunés étaient réunis pêle-mêle dans des cachots infects ; une nourriture malsaine, un air humide dévoraient les débris de leur existence ; tous les vices des prisons s'étaient introduits parmi eux, et, selon la belle expression de Bossuet, les joies de la débauche se trouvaient dans ce lieu, où l'on ne devait rencontrer que les larmes du repentir. Saint Vincent obtint des soulagements pour ces malheureux ; de la Conciergerie où ils étaient amoncelés, il les fit transférer dans un local particulier qu'il avait loué au faubourg Saint-Honoré, non loin de l'église Saint-Roch. Dans le mois de mai 1622, on le vit à la tête des prisonniers se rendre en procession dans le lieu qu'ils devaient désormais habiter ; là, il les visitait fort souvent, les instruisait, les consolait ; il venait y faire de fréquentes retraites ; il logeait même quelquefois dans cet hôpital des forçats auxquels il attacha des prêtres pour célébrer la messe et prodiguer les consolations religieuses. A Bordeaux, Vincent de Paul fit une mission sur les galères ; les historiens du temps ont gardé la mémoire de la conversion d'un Turc qui louait tous les jours le saint prêtre de lui avoir fait entendre la voix de la vérité. La même mission s'établit à Marseille, et les mêmes succès couronnèrent un zèle non moins ardent.

Nous devons rappeler ici, comme un document utile pour les jeunes prêtres, les idées que se faisait saint Vincent de Paul de ces missions charitables, les éminents devoirs qu'il croyait y être attachés. « L'état des missionnaires, disait-
» il, est une situation conforme aux maximes de
» l'Evangile, qui consistent à tout abandonner,
» à tout quitter comme les Apôtres pour suivre
» Jésus-Christ ; car y a-t-il rien de plus chrétien
» que de s'en aller de village en village pour aider
» le pauvre peuple dans ses misères ? Voilà que j'ai
» été obligé de coucher sur la paille, et pourquoi ?
» Pour faire aller les âmes en paradis par l'instruc-
» tion et la souffrance ; n'est-ce pas suivre les avis
» de Notre Seigneur ? Lui-même ne s'est-il pas

» abaissé jusqu'à se revêtir d'une enveloppe mor-
» telle ? Voulons-nous profiter de sa doctrine, tra-
» vaillons à l'humilité ; car plus quelqu'un sera
» humble, plus il deviendra charitable envers le
» prochain. Le paradis des missionnaires, c'est la
» charité ; or, la charité est l'âme des vertus, et
» c'est l'humilité qui les attire et qui les garde. Il
» en est des compagnies humbles comme des val-
» lées qui attirent sur elles tout le suc des monta-
» gnes ; dès que nous serons vides de nous-mêmes,
» Dieu nous remplira de lui ; humilions-nous donc,
» mes frères, de ce que Dieu a daigné jeter les yeux
» sur cette petite compagnie pour servir son Eglise :
» si toutefois on peut appeler compagnie une poi-
» gnée de gens pauvres de naissance, de science et
» de vertu, sorte de rebut du monde ; je prie Dieu
» tous les jours pour qu'il nous anéantisse si nous
» ne sommes plus utiles à sa gloire. »

VI.

FONDATION DU COLLÉGE DES BONS-ENFANTS.

La pensée du bien est stérile si l'on ne prépare des instruments pour la mettre en quelque sorte en action. Dans la main de mauvais ouvriers, le plus bel ouvrage périt; c'est pourquoi, après avoir fondé une institution, il faut former les hommes qui puissent la rendre perpétuellement vivante. Vincent de Paul connaissait toute la puissance des exemples et l'autorité des bons prêtres; il résolut donc, avec madame de Gondi, dont la belle âme comprenait si bien les pensées de son généreux ami, de fonder un collége consacré à l'éducation de ces prêtres, qui porteraient dans les campagnes des secours à la misère et des consolations à l'infortune. Tel fut le premier objet du célèbre collége des Bons-Enfants. L'institution de ce collége date du 17 avril 1615, sous l'administration épiscopale de Jean-François de Gondi, archevêque de Paris. Dans l'acte de fonda-

tion, écrit de la main même de saint Vincent de Paul, il est dit « qu'il avait plu à Dieu de pourvoir, par sa miséricorde infinie, aux besoins des villes, et qu'il ne reste que le pauvre peuple de la campagne, qui seul demeure comme abandonné, à quoi il a semblé qu'on pouvait remédier par la pieuse association de quelques ecclésiastiques de bonnes vie et mœurs et de capacité connue qui, voulussent renoncer, tant aux conditions desdites villes qu'à tous bénéfices, charges et dignités de l'Église, pour, sous le bon plaisir du prélat, s'appliquer purement et simplement aux besoins du pauvre peuple, allant de village en village, aux dépens de leur bourse commune, secourir, instruire et catéchiser ces pauvres gens, sans en prendre aucune rétribution en aucune manière que ce soit, afin de distribuer gratuitement les dons qu'ils auraient reçus gratuitement de la main de Dieu. Tous les cinq ans les bons prêtres devaient assister aussi les pauvres forçats sur les galères. » Vincent de Paul fut placé à la tête de ces immenses travaux, parce que, comme le dit l'Évangile, « l'esprit du Seigneur était sur lui pour évangéli-
» ser les pauvres, pour consoler les affligés et gué-
» rir les blessures de leur cœur. »

Après la mort de madame de Gondi, arrivée cette

année (1625), Vincent de Paul abandonna entièrement le monde, et se retira dans le collége des Bons-Enfans, pour veiller de plus près aux œuvres de sa nouvelle communauté ; elles étaient simples et obscures dans leur commencement, quoiqu'elles fussent destinées à devenir brillantes dans l'avenir, semblables, dit l'évêque de Rhodez, à ce grain de sénevé dont parle l'Écriture, qui, étant la moindre entre toutes les semences, devient enfin comme un arbre superbe sous lequel l'homme cherche l'ombrage. Il n'y avait, en effet, rien de si humble que cette communauté. Vincent de Paul et ses pieux compagnons se considéraient comme les moindres entre ceux qui travaillaient dans le ministère de l'Église, et ne se destinaient à servir que dans les œuvres les plus basses et les plus méprisées parmi les hommes, c'est-à-dire secourir, catéchiser les pauvres dans les villages, se rendre comme les serviteurs, non-seulement des curés et des autres prêtres, mais encore des forçats et des plus misérables personnes. C'était toujours le sujet de l'étonnement de Vincent de Paul, que les nobles succès de sa sainte entreprise. « Nous allions, dit-il, tout bonnement et tout saintement, envoyés par les évêques pour évangéliser les pauvres, ainsi que Notre Seigneur avait fait : voilà ce que nous faisions, et

Dieu faisait de son côté ce qu'il avait prévu de toute éternité. Il donna quelques bénédictions à nos travaux ; ce que voyant, d'autres bons ecclésiastiques se joignirent à nous, non pas tous à la fois, mais en divers temps. O mon Dieu ! qui eût jamais pensé que cela fût venu en l'état où il est maintenant ? Qui m'eût dit cela pour lors, j'aurais cru qu'il se serait moqué de moi, et néanmoins c'était par là que Dieu voulait donner commencement à la compagnie. »

L'archevêque de Paris approuva définitivement l'existence de l'institution des missionnaires par les lettres du 24 avril 1626. Plusieurs ecclésiastiques se réunirent au fondateur pour soutenir et agrandir cette utile institution ; et l'histoire a conservé les noms de Jean Reçu, du village de Brache, au diocèse d'Amiens ; d'Antoine Lucas, de la ville de Paris ; de Jean Brunet, de la ville de Riom, et de Jean Dehorguy, du village d'Estrées. Le pape Urbain VIII confirma cette compagnie par une bulle du mois de janvier 1632 ; on y lit qu'elle a été érigée en congrégation sous le titre de Prêtres de la mission, et sous la conduite de Vincent de Paul. Le Souverain Pontife donne à ces prêtres le pouvoir de faire et dresser tous les actes et règlements qu'on jugerait nécessaires pour le bien-être de cette congrégation. » A la suite de cette bulle, le roi fit expédier des lettres patentes du mois de mai 1642, qui en approuvèrent les statuts, et reçurent les bulles dans le royaume.

VII

FONDATION DE SAINT-LAZARE.

Comme le dit saint Augustin, les pierres qui devaient composer l'édifice de la piété se réunissaient peu à peu. A l'établissement primitif des Bons-Enfants vint se joindre bientôt la mission des prêtres de Saint-Lazare. Nous trouvons dans un petit écrit (1) le récit des causes qui amenèrent la fondation de l'établissement de Saint-Lazare. La maison de Saint-Lazare était une seigneurie ecclésiastique, dépendant des chanoines réguliers de Saint-Augustin. Adrien Lebon, prieur de Saint-Lazare, ayant des différends avec ses religieux, et n'ayant pu les

---

(1) De M. de Lestocq, docteur de Sorbonne.

calmer, résolut d'appeler dans son prieuré quelques-uns des prêtres du collége des Bons-Enfants ; il alla donc trouver saint Vincent de Paul dans cet établissement, et, s'adressant au vénérable supérieur des missionnaires, il lui dit qu'il serait heureux s'il pouvait contribuer de quelque manière aux pieux travaux qu'il avait entrepris : en conséquence, il lui offrit la maison de Saint-Lazare, qu'il lui céderait volontiers. Cette offre avantageuse étonna l'humble serviteur de Dieu, et lui *fit le même effet qu'un éclat de tonnerre imprévu, qui surprend un homme soudainement et qui le laisse comme interdit* ; en sorte que le bon prieur s'en apercevant, lui dit : « Eh quoi ! monsieur, vous » tremblez ! — Il est vrai, monsieur, lui répondit » saint Vincent de Paul, que votre proposition » m'épouvante ; elle me paraît si fort au-dessus de » nous, que je n'ose y penser ; nous sommes d'in- » dignes prêtres qui vivons dans la simplicité, sans » autre dessein que de servir les pauvres de la » campagne ; nous vous sommes grandement obli- » gés de votre bonne volonté. »

Ne pouvant entraîner le bon directeur, on lui donna six mois pour y penser. Après les six mois, dit le narrateur, il le pria de l'accompagner, pour aller voir M. Vincent, auquel il fit la même pro-

position. De mon côté, je suppliai celui-ci de ne pas se refuser à de si instantes prières. Tout cela ne changea pas la pensée du saint personnage. La congrégation naissait à peine, disait-il, et il ne voulait pas faire parler de lui. Sur cela, M. Lebon, entendant sonner le dîner, dit à M. Vincent qu'il voulait le partager avec lui et sa communauté. La modestie de ces prêtres, les bonnes lectures dont ils accompagnèrent leur conversation, l'ordre qui régnait au réfectoire, plurent tellement à M. Lebon, qu'il conçut un grand amour pour eux, et ne cessa de me faire solliciter M. Vincent, ce que je réitérai plus de vingt fois dans l'espace de six mois. Je ne puis dire avec quelle instance on l'a poursuivi. Jacob n'a pas eu tant de patience pour obtenir Rachel, et tant insisté pour avoir la bénédiction de l'ange, que M. le prieur et moi en avons eu pour obtenir un *oui* de M. Vincent : nous avons crié plus vivement après lui que la Cananée après les apôtres. Enfin, M. le prieur s'avisa de lui dire au bout d'un an : « Monsieur, quel homme êtes-vous donc ?
» Si vous ne voulez pas entendre à cette affaire,
» dites-nous en qui vous avez confiance, et de qui
» vous prenez avis ; il ne me reste que le vôtre ; car
» j'ai le consentement de tous mes religieux, et il
» n'y a personne qui ne vous conseille de recevoir ce

» que je vous présente. » Moi-même je me mêlai à cette conversation, jusqu'à ce point qu'étant fort ami de M. Vincent, je lui dis plusieurs fois qu'il résistait au Saint-Esprit, et qu'il répondrait devant Dieu de ce refus ; car il se refusait, en effet, a établir une congrégation parfaite. Alors M. Vincent nous indiqua M. André Duval, docteur de Sorbonne. C'est sur l'avis plusieurs fois répété de ce respectable ecclésiastique que Vincent de Paul consentit à faire un concordat avec le prieur et les religieux de Saint-Lazare, le 7 janvier 1632. J'avoue que j'eusse volontiers porté sur mes épaules ce père des missionnaires pour le transporter à Saint-Lazare, et l'engager à l'accepter. Mais, il faut bien le dire, il ne regardait pas l'extérieur ni les avantages du lieu, ni tout ce qui en dépend : aussi ce ne fut point la belle situation de Saint-Lazare qui l'y attira, mais la seule volonté de Dieu et le bien qu'il pouvait y faire.

Tel est le récit de M. de Lestocq ; mais autant saint Vincent de Paul avait mis de résistance à répondre aux pressantes sollicitations du prieur de Saint-Lazare, autant, lorsqu'il eut cédé, il mit d'ardeur à fonder et agrandir la congrégation qui s'y était établie. L'ordre, le service, la prière, les charitables occupations, tout formait l'objet de sa sollicitude; la communauté prenait chaque jour une vie nouvelle. Oh! qu'il est bien vrai, comme l'a dit un saint Père, que la charité n'a point de mesure et qu'elle n'a jamais dit : C'est assez. On rapporte que l'objet des courses charitables de Vincent fut alors principalement le soin de quelques pauvres aliénés qui demeuraient dans un des bâtiments de Saint-Lazare : il les soignait lui-même; chaque jour il allait humilier son esprit à la face de ces misères de l'orgueilleuse nature qu'un souffle de Dieu confond!

VIII

ÉTABLISSEMENTS DE CHARITÉ A PARIS.

Ardent pour toutes les belles et nobles entreprises, on vit alors Vincent de Paul rappeler sur le vaste théâtre de la capitale, dans cette ville de dissipation et de plaisir, ces assemblées de charité pour les pauvres malades, dont il avait conçu la pensée dans ses courses évangéliques. A Paris, cette œuvre était bien difficile; il ne pouvait solliciter que les grands ; et ceux-là, qui n'ont jamais connu la peine, qui vivent dans un monde de distraction, peuvent-ils comprendre toutes les douleurs de la misère ? Toutefois le vénérable pasteur ne se découragea point, car il savait que la Providence n'abandonne jamais les pauvres qui sont les enfants de son Christ.

Madame Louise de Marillac, veuve de M. Legras, car il est juste de perpétuer ces noms auxquels se rattachent tant de saintes fondations, s'était d'abord placée sous la direction de François de Sales : elle avait puisé dans les conseils de cette âme élevée toutes les nobles inspirations de la vertu. Lorsque l'épiscopat vint absorber les moments de saint François de Sales, il confia la précieuse veuve aux conseils et à la surveillance de Vincent de Paul. Dans une de ces conférences où se faisait, pour ainsi dire, un échange de pensées charitables, cette vertueuse femme se sentit vivement touchée du désir de servir les malades ; elle fit part de ces desseins à saint Vincent dans une lettre qui s'est conservée. Celui-ci lui répondit en ces termes :
« Oui, certes, madame, je le veux bien ; pourquoi
» non, puisque Dieu vous a donné ce pieux senti-
» ment ? Je ne saurais vous exprimer combien mon

» cœur désire ardemment de voir le vôtre, pour
» savoir comment cela s'est passé en lui. Je m'ima-
» gine que les paroles que le Seigneur vous a fait
» entendre, vous ont fort touchée, car elles sont
» pressantes pour un cœur brûlant comme le vôtre.
» Oh ! que vous avez dû paraître aujourd'hui de-
» vant Dieu comme un bel arbre, puisque, par sa
» grâce, vous avez produit un tel fruit ! »

Madame Legras accomplit son pieux dessein ; on ne peut dire quel fruit, quelle bénédiction elle apporta dans tous les lieux où elle fit la visite charitable des confréries, encourageant les femmes qui les composaient, distribuant elle-même des chemises et du linge aux pauvres malades, leur offrant de sa propre main des bouillons et des remèdes, avec cette douceur qui est tout à la fois pour le malade une espérance et une consolation. Quelquefois elle réunissait les jeunes filles, les catéchisait et les instruisait des devoirs de la vie chrétienne et des dangers de la vie du monde. Si ces jeunes filles avaient déjà des institutrices et, pour nous servir de l'expression plus simple de la sainte veuve, des *maîtresses d'école*, madame Legras, sous l'inspiration de Vincent de Paul, enseignait charitablement à celles-ci les moyens de remplir leur office ; si elles n'avaient pas d'institutrices, elle-même daignait les instruire : elle commençait *à faire l'école*, et enseignait *les petites filles* en sa présence.

Les diocèses de Senlis, de Beauvais, de Soissons, virent tour à tour madame Legras; elle portait toujours avec elle une instruction écrite de saint Vincent, sur la manière dont elle devait se conduire, ainsi que les demoiselles de piété qui l'accompagnaient. Tout l'été se passait dans ces courses évangéliques ; l'hiver elle revenait à Paris, et remplissait, dans cette vaste capitale, les mêmes devoirs avec le même dévouement. Nous allons donner ici l'extrait d'une lettre que lui écrivait Vincent de Paul, car nous aimons à mettre en scène l'homme saint dont nous retraçons l'histoire. « Béni soit Dieu,
» de ce que vous voilà arrivée en bonne santé;
» ayez donc soin de la conserver pour l'amour de
» Notre-Seigneur et de ses pauvres membres, et
» prenez garde de n'en pas trop faire ; car c'est
» une ruse du démon, dont il se sert pour trom-
» per les bonnes âmes, pour les exciter à faire
» plus qu'elles ne peuvent, afin qu'elles ne puis-
» sent plus rien faire ; au contraire, l'esprit de Dieu
» excite doucement à faire avec raison, afin qu'on
» l'accomplisse avec persévérance : faites donc ainsi,
» mademoiselle, et vous agirez dans l'esprit de
» Dieu. Lorsque vous serez louée et estimée, unis-

» sez votre esprit aux mépris, aux moqueries
» et aux affronts que le Fils de Dieu a soufferts.
» Certes, un esprit vraiment humble est humilié
» autant par les honneurs que par les mépris, et
» fait comme l'abeille, qui compose son miel aussi
» bien de la rosée qui tombe sur l'absinthe que de
» celle qui tombe sur la plus douce des fleurs. J'es-
» père que vous en userez ainsi. »

De tels encouragements donnés par une telle bouche redoublaient la ferveur, je dirai la sainte passion des bonnes œuvres. Dans les villes de Beauvais et de Gonesse, où il n'existait pas d'hôpitaux, les malades étaient délaissés, et périssaient de misère sur leur lit de douleur. A l'appel de saint Vincent et de sa sainte compagne, des confréries charitables s'établirent dans les paroisses, et bientôt toutes les misères trouvèrent des soulagements. A Paris, l'exemple fut suivi en 1629 : un premier établissement des Dames de la charité se fonda sous les yeux et d'après les inspirations de Vincent de Paul. Madame Legras réunit cinq ou six dames de son intime connaissance, qui habitaient la paroisse de Saint-Nicolas-du-Chardonnet; elles se consacrèrent, d'un sentiment commun, au service des pauvres. Ce ne fut cependant qu'en 1631 que M. l'Archevêque de Paris continua l'établissement de ces congrégations. Elles se réunirent successivement, avec l'agrément des curés de Paris, dans les paroisses de Saint-Médard, de Saint-Clément, de Saint-Sulpice, et quelque temps après dans celles de Saint-Paul, Saint-Germain-l'Auxerrois, Saint-Eustache, Saint-André, Saint-Jean, Saint-Étienne; puis, sur la demande des administrateurs de l'hôpital des Quinze-Vingts, saint Vincent y établit cette même confrérie des Dames de la charité.

C'est un touchant spectacle que la naissance de ces pieuses associations. Il semblait que toute la charité de Vincent de Paul eût passé dans les âmes, et que l'ardent courage de ce serviteur de Dieu soutînt de faibles femmes dans leurs périlleux travaux. On raconte que ces dames charitables bravaient dans les hôpitaux jusqu'aux maladies contagieuses qui n'épargnent pas le zèle secourable. On trouve, dans une histoire du temps, que madame Legras s'exposa au point de soigner des pestiférés dans les hôpitaux de Paris. C'est à cette occasion que Vincent de Paul lui écrivit une lettre touchante sur son pieux dévouement : « Je sais les malades que vous
» avez visités; je vous avoue, mademoiselle, que
» d'abord cela m'a tellement attendri le cœur, que
» je fusse parti à l'heure pour vous aller voir;
» mais la bonté de Dieu, sur les personnes qui se

» donnent à lui pour le service des pauvres, me
» fait avoir une très-entière confiance que vous n'en
» aurez point de mal. Croiriez-vous, mademoiselle,
» que non-seulement je visitai feu M. le sous-prieur
» de Saint-Lazare, qui mourut de la peste, mais que
» je sentis son haleine, je touchai ses mains; et néan-
» moins ni moi, ni nos gens, qui l'assistèrent, n'en
» avons point eu de mal. Notre-Seigneur veut se
» servir de vous pour quelque chose qui regarde sa
» gloire, et j'estime qu'il vous conservera pour cela.
» Je célébrerai la sainte messe à votre intention. »

L'histoire remarque, en effet, que madame Legras et ses dignes compagnes sortirent sans atteinte de ces rudes épreuves. Madame Legras vécut trente ans encore au milieu des hôpitaux et des pauvres malades, et comme sous la protection des prières de tant de familles secourues.

IX

ÉTABLISSEMENT DES SŒURS DE LA CHARITÉ POUR LES MALADES.

Mais, comme l'a dit le Prophète, une bénédiction attire une autre bénédiction. Les dames de la charité, quelque zélées qu'elles pussent être pour le service des pauvres malades, tenaient au monde par des liens de famille : elles étaient souvent épouses et mères, et si Dieu commande de se consacrer à son service, il veut que les devoirs que la famille impose soient remplis avec la même exactitude. Le service des malades souffrait donc de ces interruptions forcées et légitimes : la prévoyance de Vincent de Paul y pourvut. A côté de ces dames surveillantes et protectrices, il établit une congrégation de saintes filles de la charité, servantes des hôpitaux, et la charité, qui est la plus féconde de toutes les vertus, achevant une de ces œuvres, en conçut et en commença une autre. Cette institution fut projetée en 1630. Durant le cours de ses missions, le bienheureux Vincent avait remarqué dans les villages, de bonnes filles qui n'avaient pas de dispositions pour le mariage, sans avoir le moyen de se consacrer à la vie religieuse. Il pensa qu'il pourrait s'en rencontrer dans le nombre qui seraient bien aises de se donner à Dieu pour le service des malades. La Providence disposa les choses de telle sorte, qu'à la mission suivante, quelques filles acceptèrent l'œuvre méritoire qu'on leur proposait : elles furent placées dans les paroisses de Saint-Sauveur, de Saint-Benoît et de Saint-Nicolas-du-Chardonnet ; mais on s'aperçut bientôt que ces filles isolées, n'ayant ni conduite tracée, ni principes de direction, ne pouvaient rendre les soins qu'on attendait d'elles ; il fallait aussi une éducation première pour servir les malades dans les hôpitaux. Il fallait surtout développer en elles les principes d'une vocation difficile, et les habituer à ces épreuves qui répugnent au jeune âge, et qu'une longue éducation religieuse peut seule donner la force de supporter. Il forma donc une communauté où ces filles furent placées sous la direction de madame Legras. D'abord elles habitèrent une maison sur la paroisse de Saint-Nicolas-du-Chardonnet ; mais par le conseil de saint Vincent, elles furent transportées dans une autre maison, située au village de La Chapelle, à une demi-lieue de Paris. Saint Vincent leur prescrivit des règles et des constitutions qui furent approuvées par M. l'Archevêque de Paris, en 1642, sous le titre de Filles de la charité servant les pauvres, et sous l'inspection du directeur général de la mission. Le roi confirma ces statuts, et, dès ce moment, ces saintes filles consacrèrent leurs soins au service des malades. Dans l'accomplissement de ce pénible devoir, que de répugnances il faut vaincre! que d'aigreur il faut endurer! La maladie engendre je ne sais quelle mauvaise humeur qu'il faut supporter avec patience : on a besoin d'une charité bien grande pour souffrir les reproches de ceux que l'on soulage ; il faut presser, solliciter, et cela avec ce ton qui persuade, avec cette douceur qui calme. Dans les instructions écrites par Vincent de Paul, toutes ces vertus sont recommandées aux saintes filles de la charité : il leur impose cette éducation première qui habitue ces filles servantes à tous les soins des hôpitaux; il leur marque toutes les conditions du service, les heures, le temps qu'elles doivent employer. Sa pieuse sollicitude embrasse toutes les conditions de la vie ; elle assigne à chaque âge ses devoirs et ses soins; l'expérience est seule appelée à ce service, qui demande une attention particulière et une longue étude. Les jeunes sœurs sont employées à des fonctions moins difficiles. Saint Vincent ne veut pas que la science s'acquière aux dépens de l'humanité, et que l'on s'essaie, pour ainsi dire, sur les malades. Aussi créa-t-il une sorte d'hiérarchie entre les saintes filles. Les unes sont employées au service immédiat du malade : elles doivent quitter, le moins possible, le chevet de son lit, étudier ses besoins, pénétrer, autant qu'il est en elles, les sources de son mal; les autres président à l'infirmerie, préparent les remèdes; les plus jeunes apportent les bouillons et doivent les distribuer selon les ordres de la supérieure ; enfin, tout est réglé de telle sorte, qu'au milieu de ce peuple de malades, que frappent tant d'infirmités diverses, on dirait que la prévoyance a deviné tous les hasards et jusqu'aux accidents des infirmités humaines.

X

FONDATION DE L'HOSPICE DES ENFANTS TROUVÉS.

Dans l'antiquité païenne, dans cette Rome tant vantée, une coutume barbare permettait l'exposition des enfants ; le philosophe sous le portique, dissertant sur la vertu, entendait, sans prêter la moindre attention, les cris de ces faibles créatures, et tout ce que l'humanité avait pu faire, c'était de condamner ces malheureuses victimes à l'esclavage, lorsqu'un patricien ou quelque riche citoyen daignait prendre soin de leur enfance et diriger leurs premiers pas. Il a fallu le christianisme pour faire naître ces vertus et ces charités du cœur, ce besoin de faire du bien, qui impose come un devoir toutes les belles actions. « Les peintres voulant représenter
» la charité, dit un vieux historien, sous quelque
» figure sensible, la dépeignent ordinairement avec
» plusieurs mamelles, et un nombre de petits en-
» fants qu'elle tient dans ses bras et sur son sein.

» Si on voulait faire un emblème de la charité de
» saint Vincent, il ne faudrait pas se servir d'autre
» peinture que de celle-là : ce saint homme fut comme
» le père nourricier d'un très-grand nombre de
» pauvres petits enfants délaissés, auxquels on peut
» dire qu'il a donné et conservé la vie, leur procu-
» rant, au lieu de leurs marâtres qui les avaient si
» inhumainement exposés et abandonnés, autant
» de mères charitables qu'il a excitées pour avoir
» soin de pourvoir à leur nourriture et à leurs autres
» nécessités. La ville de Paris étant d'une étendue
» excessive et le nombre de ses habitants presque
» innombrable, il se trouve beaucoup de dérégle-
» ment en la vie de quelques personnes particu-
» lières, auquel il n'est pas possible d'apporter
» un tel remède qu'il ne reste toujours plusieurs
» désordres, entre lesquels un des plus pernicieux
» est l'exposition et l'abandon des enfants nouvel-
» lement nés. »

Des rapports du lieutenant du Châtelet, que nous avons sous les yeux, constatent qu'il y en avait trois ou quatre cents exposés chaque année dans la ville ou les faubourgs. On les faisait porter dans une maison qu'on appelait *de la Couche*, sise rue Saint-Landry ; ils étaient reçus par une veuve qui y demeurait avec une où deux servantes, et qui, moyennant une indemnité, se chargeait du soin de leur nourriture ; mais ne pouvant suffire à un si grand nombre, ni entretenir des nourrices pour les allaiter, la plupart de ces pauvres enfants mouraient de langueur dans cette maison ; et quelquefois même les servantes, pour se délivrer de l'importunité de leurs cris, leur faisaient prendre des drogues pour les endormir, ce qui causait la mort de plusieurs d'entre eux : ceux qui échappaient à ce danger étaient vendus à vil prix ou donnés à des femmes de mauvaise vie qui venaient les demander.

On les achetait ainsi, ces pauvres enfants, quelquefois pour leur faire sucer un lait corrompu qui leur causait des maladies nouvelles ; d'autres fois, pour servir aux mauvais desseins de quelques personnes qui supposaient des enfants dans des familles d'où naissaient d'étranges désordres. On a su qu'on en avait acheté, ce qui peint bien l'opinion du siècle, pour des opérations magiques; de sorte qu'il semblait que ces pauvres créatures fussent toutes condamnées à la mort en naissant. Le petit nombre qui s'en sauvait, sans état, sans ressources, ne soupçonnant pas même les idées de vertu et de travail, allait grossir la multitude des mendiants ou des femmes perdues qui corrompaient la capitale, de sorte qu'on aurait dit que les mauvaises mœurs se perpétuaient par les mauvaises mœurs.

Ces désordres ne pouvaient échapper à l'active bienfaisance de saint Vincent de Paul ; comme il ne pouvait pénétrer tout le mal, il chargea plusieurs dames de la charité de se rendre à la maison où ces enfants étaient déposés, et d'y étudier le service intérieur, afin de chercher quelque remède à leurs misères. Ces dames furent si fortement touchées à la vue des souffrances et de l'abandon de ces enfants, qu'elles dirent à saint Vincent qu'ils étaient plus malheureux que les pauvres innocents qu'Hérode fit massacrer. Comme il leur était impossible de se charger d'abord de tous ceux qui y étaient déposés, on résolut d'en choisir douze qu'elles tirèrent au sort ; ils furent mis dans une maison, en l'année 1638, sous les soins de madame Legras et de quelques filles de la charité que saint Vincent y réunit. On essaya d'abord de les faire subsister avec du lait de chèvre ou de vache ; depuis on leur donna des nourrices.

A mesure que les moyens augmentaient, ces vertueuses femmes augmentaient aussi le nombre des enfants qu'elles prenaient sous leurs soins. Saint Vincent encourageait leur zèle ; souvent on le voyait, au milieu de ces nuits d'hiver, où la neige et la glace couvraient les rues, parcourir dans Paris les quartiers les plus écartés, recherchant ces victimes délaissées, les réchauffant dans son sein, et succombant sous sa charge, arriver dans la maison des filles de la charité pour mettre sous leur protection ce précieux fardeau. On raconte, tant le respect qu'inspirait saint Vincent de Paul était grand, que dans une de ses excursions nocturnes, ayant été rencontré par des brigands armés, il n'eut besoin que de se nommer pour faire cesser leurs menaces : tous tombèrent à ses pieds et sollicitèrent sa bénédiction.

J'ai eu sous les yeux un petit livre rédigé par ces femmes charitables qui s'étaient imposé le noble devoir de secourir les enfants trouvés ; c'est une sorte de relation des nobles pèlerinages que saint Vincent faisait dans la ville de Paris pour recueillir les enfants délaissés ; un véritable journal de l'établissement conservé par les soins des dames de l'hospice.

22 janvier. M. Vincent est arrivé vers les onze heures du soir : il nous a apporté deux enfants ; l'un peut avoir six jours, l'autre est plus âgé ; ils pleuraient, les pauvres petits ! Madame la supérieure les a confiés à des nourrices.

25 janvier. Les rues sont remplies de neige ;

nous attendons M. Vincent ; il n'est point venu ce soir.

26 *janvier*. Le pauvre M. Vincent est transi de froid ; il nous arrive avec un enfant, mais il est déjà sevré, celui-là ; cela fait pitié de le voir ; il a des cheveux blonds, une marque à son bras. Mon Dieu ! mon Dieu ! qu'il faut avoir le cœur dur pour abandonner ainsi une pauvre petite créature.

1er *février*. M. l'Archevêque nous est venu visiter ; nous avons bien besoin des charités publiques ; l'œuvre va bien lentement. M. Vincent ne calcule jamais son ardent amour pour les pauvres enfants.

3 *février*. Quelques-uns de nos pauvres enfants sont revenus de nourrice ; ils paraissent bien portants : la plus âgée de nos petites filles a cinq ans, sœur Victorine commence à lui apprendre le catéchisme et à faire quelques ouvrages d'aiguille. L'aîné de nos petits garçons, que nous nommons André, apprend à merveille.

7 *février*. L'air est bien vif. M. Vincent est venu visiter notre communauté ; ce saint homme est toujours à pied. La supérieure lui a offert de se reposer ; il a couru bien vite à ses petits enfants. C'est merveille d'entendre ses douces paroles, ses belles consolations ; ces petites créatures l'écoutent comme leur père. Oh ! qu'il le mérite bien, ce bon M. Vin-

cent ! J'ai vu aujourd'hui ses larmes couler ; un de nos petits est mort. C'est un ange ! s'est-il écrié ; mais il est bien dur de ne plus le voir !

Dans l'année 1640, saint Vincent réunit une assemblée générale de dames de la charité; il y représenta, avec les paroles animées de son zèle, l'importance et la nécessité de cette bonne œuvre, et les grands services qu'on pourrait y rendre à Dieu. Ses discours furent si éloquents que spontanément les dames de la charité prirent la résolution de consacrer leurs soins et leur fortune à l'éducation des enfants trouvés ; jusqu'alors cette société n'avait eu que 1,400 livres par an de revenus assurés. Les charités du roi, les dons volontaires élevèrent bientôt les revenus à 20,000 livres, et les rois de France, que l'on trouve toujours quand il s'agit de faire du bien, lui assignèrent 12,000 livres, à titre d'aumônes, sur les cinq fermes générales.

Cependant toutes ces aumônes ne suffisaient pas encore aux dépenses sans nombre d'aussi vastes établissements. En l'année 1648, Vincent de Paul réunit les dames de la charité, et leur exposa encore les besoins toujours croissants de cette bonne œuvre. « Elles pouvaient bien, leur dit-il, se décharger d'un tel fardeau ; mais combien n'était-il pas méritoire ! Combien leur cœur ne devait-il pas être touché des résultats qu'on avait déjà obtenus ! Cinq ou six cents de ces jeunes victimes avaient été arrachées à la mort ; elles louaient Dieu, et leurs cœurs reconnaissants priaient pour leurs bienfaitrices. Hélas ! mesdames, continuait-il, la compassion vous a fait adopter ces petites créatures pour vos propres enfants ; vous êtes leurs mères selon la grâce, depuis que leurs mères selon la nature les ont abandonnées. Voulez-vous aussi les abandonner à votre tour ? Leur vie et leur mort sont entre vos mains, je m'en vais recueillir les voix et les suffrages. L'aumône que vous donnerez ou que vous refuserez, est un terrible jugement entre vos mains ; il est temps de prononcer leur arrêt et de savoir si vous ne voulez plus avoir de miséricorde pour eux. »

Ces éloquentes paroles touchèrent le cœur des dames de la charité ; elles résolurent, à quelque prix que ce fût, de soutenir cette pieuse institution. Elles s'adressèrent au roi, qui leur donna d'abord le château de Bicêtre ; mais l'air y étant trop vif pour des enfants qui venaient de naître, on loua une grande maison à l'extrémité du faubourg Saint-Lazare, où ils furent confiés à dix ou douze filles de la charité. Dans la délibération primitive qui fut prise, on établit des nourrices dans cette maison ; elles durent y rester jusqu'à ce que des nourrices des champs vinssent prendre ces enfants et les élever sous leurs soins. Suivant les termes de cette délibération, lorsqu'ils étaient sevrés, les nourrices devaient les rapporter dans cet hospice, où les filles de la charité prennent soin d'eux, leur apprennent à parler, à prier Dieu ; et à mesure qu'ils avancent en âge, on les occupe à faire quelque petit ouvrage pour éviter l'oisiveté, en attendant que Dieu fournisse une occasion de les pourvoir, et les mette en état de subsister par leur travail et leur industrie.

XI

FONDATION DES SÉMINAIRES ET DES RETRAITES ECCLÉSIASTIQUES.

Toutes les pensées de Vincent de Paul étaient puisées dans un principe religieux ; il savait par expérience que les bons ecclésiastiques sont comme la source perpétuelle des charités humaines, et en même temps que sa bienfaisance attentive s'étendait sur les pauvres et les orphelins, sa piété fondait des séminaires d'ecclésiastiques destinés au ministère sacré, et établissait ces retraites et ces conférences cléricales, qui devaient redoubler le zèle et l'aptitude des pasteurs. Ce fut en l'année 1636, qu'il conçut la première pensée d'un séminaire de jeunes élèves dans le collége des Bons-Enfants. Saint Vincent s'était aperçu que, séparés les uns des autres, les élèves qui se destinaient au service ecclésiastique, restaient de longues années avant d'acquérir la science et les vertus nécessaires pour exercer le ministère de l'Église : cette pensée l'agitait depuis bien des années ; mais, si dans les choses qui tiennent à la bienfaisance générale, Vincent de Paul croyait pouvoir suivre sa propre impulsion, dans celles qui tenaient à la hiérarchie ecclésiastique, le premier il savait donner l'exemple de la soumission, et n'allait pas, dans son impatience du bien public, secouer les liens d'une salutaire obéissance. Il s'adressa donc au cardinal de Richelieu ; il lui exposa qu'il n'y avait rien de plus à désirer pour les jeunes clercs qui se destinaient aux saints ordres, que l'établissement des retraites et des séminaires dans les diocèses ; que là ils seraient exercés pendant deux ans à la vertu, à l'oraison et à toutes les fonctions ecclésiastiques, et apprendraient en même temps la décision des cas de conscience et les autres parties les plus nécessaires de la théologie ; en un mot, qu'ils y seraient rendus capables, non-seulement de travailler à leur perfection particulière, mais encore à la perfection de ce gouvernement des âmes que Dieu leur a confié. Le cardinal de Richelieu l'écouta avec plaisir ; il approuva l'idée de tels séminaires répandus sur la surface du royaume ; il l'engagea même à établir sur-le-champ un modèle de ces institutions dans la capitale ; et, pour donner un moyen de le commencer, il lui envoya mille écus, qui furent employés à l'entretien des premiers élèves que saint Vincent reçut dans le collége des Bons-Enfants, au mois de février 1642. Ces jeunes clercs furent instruits pendant l'espace de deux ans et initiés à toutes les fonctions du sacerdoce. Plusieurs autres s'y présentèrent ensuite, en offrant de payer une pension ; et, comme le nombre augmentait chaque année, la maison des Bons-Enfants prit bientôt le titre de Séminaire, avec l'autorisation de Mgr l'Archevêque de Paris. Cet exemple ne resta pas sans imitation. A peu près à cette même époque s'établirent les prêtres de la communauté de Saint-Nicolas-du-Chardonnet.

Bientôt l'établissement du séminaire des Bons-Enfants s'accrut de telle manière, que Vincent de Paul crut devoir le diviser en deux classes distinctes. Les clercs qui étudiaient les humanités furent transportés dans une maison à l'extrémité du faubourg Saint-Lazare, et il nomma cet établissement le séminaire de Saint-Charles. Les autres demeurèrent dans la maison des Bons-Enfants, pour apprendre la théologie.

L'avertissement que donne saint Paul à Thimothée, de n'imposer les ordres sacrés que difficilement, est une des plus importantes vérités de la discipline ecclésiastique. Combien l'évêque ne doit-il pas réfléchir, au moment où il confère l'auguste caractère de prêtre, c'est-à-dire la mission de célébrer les saints mystères, de conduire les âmes, de les lier et de les délier, suivant l'expression évangélique! La difficulté est grande en ce moment. La nécessité de pourvoir aux besoins de l'Église peut rendre l'évêque facile dans ses choix; mais cette facilité peut être, d'un autre côté, la cause de grands scandales. Saint Vincent, honoré de la confiance de plusieurs évêques, avait été souvent consulté sur les déplorables exemples que donnaient les mauvais prêtres. L'évêque de Beauvais avait surtout éveillé sa sollicitude. Il recherchait la cause du mal et les remèdes nécessaires pour le faire cesser. Saint Vincent fit observer qu'il fallait aller à la source même, et que, puisqu'on ne pouvait que très-difficilement changer les anciens prêtres, il fallait s'occuper, se mettre en peine d'en former de bons pour l'avenir; et le meilleur moyen était indubitablement de ne plus en admettre dans les ordres sacrés qui n'eussent la science nécessaire et les autres signes d'une véritable vocation; enfin de les confier à de bons prêtres qui pussent les rendre capables de leurs obligations et les bien pénétrer des devoirs de l'état ecclésiastique. Ce fut dans cet objet qu'il établit les conférences ecclésiastiques et les retraites spirituelles, dont nous parlerons plus en détail dans la deuxième partie de cet ouvrage.

XII

MISSION DE SAINT VINCENT DE PAUL AUX ARMEES.

Dans son immense sollicitude, Vincent de Paul ne négligeait aucune des classes de la société. En

1636, il entreprit une mission dans les armées royales. Un préjugé s'est établi, qui proclame que la foi et la piété sont incompatibles avec la profession des armes; des hommes habitués au fracas des batailles et à la licence des camps, ne peuvent, dit-on, s'abandonner aux idées religieuses : leur rappeler ce qu'ils doivent à la religion, c'est les distraire de la tâche glorieuse qui leur est commise; les abaisser devant les autels, c'est affaiblir et humilier leur courage. Étrange paradoxe, que la saine raison et l'histoire repoussent également! Que peut avoir d'incompatible le titre de chrétien avec celui de soldat? Le christianisme n'adopte-t-il pas, comme des devoirs, toutes les obligations de la vie? Il élève le soldat dans un jour de bataille, il le console au moment de sa mort ; à l'immortalité de la gloire il ajoute une immortalité plus sainte et plus grande, l'espérance d'une nouvelle vie. Je les vois encore, ces nobles chevaliers! une croix de bois orne leur poitrine; ils renversent, aux simples exhortations des prêtres, et les Maures d'Espagne et les Musulmans de la Palestine. Leur piété amollit-elle leur courage? La pensée de la mort arrête-t-elle leurs bras? Mais, ajoute-t-on, les occupations, les désordres du camp ne permettent pas tous les devoirs de la vie religieuse, et excluent la parole de

Dieu du milieu de cette multitude armée. Sans doute il est impossible d'introduire une sorte de rigueur monastique sous la tente; mais le christianisme est plein d'indulgence : il fait la part des temps, des lieux et des nécessités. Depuis quand d'ailleurs les désordres des camps seraient-ils les mobiles de la valeur et les garants de la victoire? Le bon chrétien sera toujours le meilleur soldat ; l'obéissance est pour lui un devoir, la discipline une règle sacrée, le nom du prince réveille ses respects, le souvenir de la patrie inspire son enthousiasme. Sous les empereurs païens, dans Rome même, le soldat chrétien fut l'exemple des camps et le modèle de la bravoure. Chose extraordinaire ! au milieu des troubles de la guerre civile, jamais sa voix ne se mêla aux cris de la sédition, et tandis que des lois menaçantes suspendaient le glaive de la persécution sur sa tête, il restait soumis, et jamais son épée ne se tourna contre César dans les révoltes militaires !

Les Allemands venaient de faire une irruption dans la Picardie; leurs armées avaient franchi la frontière ; l'alarme s'était répandue rapidement dans les provinces; Paris même n'était pas à l'abri de leurs attaques; les troupes du roi étaient occupées à l'autre extrémité du royaume. Le cardinal

de Richelieu fit un appel au peuple au nom du roi Louis XIII. Dans les périls de la monarchie, la noblesse se levait tout entière ; elle oubliait les petites tyrannies des ministres pour défendre la royauté. La capitale de France ressemblait à une place d'armes ; une population immense, chassée des provinces voisines, s'y était réfugiée ; plusieurs couvents se remplirent de troupes, et voici comment Vincent de Paul s'exprime sur la terreur qui s'était répandue dans Paris : « Paris, dit-il, appréhende
» d'être assiégé ; les ennemis qui sont entrés dans
» la Picardie la ravagent avec une grande armée
» qui s'étend à dix ou douze lieues d'ici ; de sorte
» que tous les habitants des environs viennent se
» réfugier dans cette ville. Le roi néanmoins forme
» une armée pour s'opposer à cette irruption. Qui
» le croirait ? Le lieu où s'arment ces soldats nou-
» vellement enrôlés, est notre maison. Les tables,
» le bûcher et le cloître sont remplis d'armes, et les
» cours de gens de guerre. Le saint jour de l'As
» somption n'est pas exempt de ces embarras tu-
» multueux. Le tambour commence à battre dès
» sept heures du matin ; on a dressé soixante-douze
» compagnies dans notre cloître, et nos prêtres ce-
» pendant n'ont pas cessé de faire leur retraite,
» trois ou quatre jours exceptés. »

La vue du tumulte des armes, l'aspect de ces soldats qui, dans l'exercice de leur profession dissipée, oubliaient trop souvent les devoirs de la religion et de la morale, inspirèrent à Vincent de Paul la pensée de ses missions dans les camps. Il en écrivit au chancelier, et il reçut l'ordre exprès du roi de faire partir vingt missionnaires pour l'armée. Le pieux serviteur de Dieu obéit; il se rendit lui-même auprès du roi, alors à Senlis, pour lui offrir ses services et ceux de toute sa congrégation. Il fit acheter une tente pour servir d'abri à ses pieux compagnons, leur envoya des vivres, un mulet et une charrette : il voulait, disait-il, que les prêtres du Seigneur campassent au milieu des enfants d'Israël pour réveiller leur courage et leur rappeler les commandements du Dieu des armées.

Il existe un règlement sur les missions à l'armée. C'est encore dans ces lois que le saint pasteur imposa aux missionnaires qu'il faut rechercher l'esprit de charité et de miséricorde qui animait saint Vincent de Paul. « Les prêtres qui sont à l'armée
» se représenteront que Dieu les a appelés à ce saint
» emploi : 1º afin d'offrir leurs prières et leurs ser-
» vices à Dieu pour l'heureux succès des bons des-
» seins du roi et la conservation de son armée;
» 2º pour aider les gens de guerre qui sont dans le

» péché à s'en retirer, et ceux qui sont en état de
» grâce de s'y conserver ; enfin, pour faire leur
» possible afin que ceux qui mourront sortent de
» ce monde en état de salut.

» Ils auront pour cet effet une particulière dévo-
» tion au nom que Dieu prend, dans l'Ecriture, du
» *Dieu des armées*, et au sentiment qu'avait Notre-
» Seigneur quand il disait : *Non veni pacem mit-*
» *tere sed gladium*, et cela pour vous donner la paix
» qui est la fin de la guerre.

» Ils se représenteront que si bien ils ne peuvent
» ôter tous les péchés de l'armée, que peut-être
» Dieu leur fera la grâce d'en diminuer le nombre,
» ce qui est autant que si on disait que si Notre-Sei-
» gneur Jésus-Christ devait être crucifié encore cent
» fois, il ne le sera peut-être que quatre-vingt-dix
» fois ; et si mille âmes, par leurs mauvaises dispo-
» sitions, devaient être damnées, ils feraient en
» sorte, avec le secours de la miséricorde et de la
» grâce de Dieu, qu'il y en ait quelques-unes de ce
» nombre qui ne le seront pas.

» Les vertus de charité, de ferveur, d'obéissance,
» leur sont également nécessaires pour cela ; c'est
» pourquoi ils en feront une continuelle pratique
» intérieure et extérieure, et notamment de l'ac-
» complissement de la volonté de Dieu.

» Ils célébreront la sainte Messe tous les jours,
» ou communieront à cet effet.

» Ils honoreront le silence de Notre-Seigneur
» aux heures accoutumées, et toujours à l'égard
» des affaires d'Etat, et ne témoigneront leur peine
» qu'à leur supérieur ou à celui qu'il leur ordonnera.

» Si on les applique à entendre les confessions
» des pestiférés, ils le feront de loin et avec les pré-
» cautions nécessaires, et laisseront l'assistance cor-
» porelle, tant de ceux-ci que des autres malades,
» à ceux que la Providence emploie à ces fonctions.

» Ils feront souvent des conférences après avoir
» pensé devant Dieu aux sujets qui seront proposés,
» par exemple : 1º de l'importance qu'il y a que les
» ecclésiastiques assistent les armées ; 2º en quoi
» consiste cette assistance ; 3º les moyens de la bien
» faire. Ils pourront traiter, par la même méthode,
» d'autres sujets qui leur seront convenables en cet
» emploi : comme de l'assistance des malades, de
» quelle manière on se comportera pendant les
» combats et les batailles, de l'humilité, de la pa-
» tience, de la modestie et des autres pratiques re-
» quises dans les armées. »

Tel fut le règlement que Vincent de Paul donna
aux missionnaires. Leurs pieux travaux obtinrent
un plein succès. En même temps que des victoires

relevaient le drapeau de la France, le désordre disparaissait des camps, sur le champ de bataille, le soldat vainqueur louait le Dieu des armées du succès de ses entreprises, et le prince lui-même faisait retentir la tente royale de pieuses acclamations et de saints cantiques. Les touchantes exhortations des missionnaires, les secours qu'ils prodiguaient aux blessés, les consolations qu'ils donnaient aux mourants, tout cela avait environné leur saint et courageux pèlerinage de respect et de vénération. Parmi toutes les actions de sa vie, Vincent de Paul se plaisait surtout au souvenir de ces victoires de la religion au milieu des victoires de la patrie. « Béni soit
» Dieu, écrivait-il à un de ces missionnaires, du
» succès qu'il donne à votre travail ; que cette
» bénédiction me paraît grande ! Quoi ! vous avez
» procuré, pour votre part, le bon état de trois
» cents soldats qui ont si dévotement communié, et
» de soldats qui s'en vont à la mort ! Il n'y a que celui
» qui connaît la rigueur de Dieu dans les enfers qui
» puisse comprendre la grandeur de ce bien. Mardi
» passé, il y avait déjà neuf cents confessions faites
» dans toutes les parties de l'armée, outre ce qui
» s'est fait depuis. Dieu ! monsieur, que cela est au-
» dessus de mes espérances ! Il faut s'humilier,
» louer Dieu, continuer avec courage, et suivre

» votre mission où Dieu peut la bénir. » Dans une autre lettre : « Il nous est impossible, dit-il, de » vous envoyer sitôt les missionnaires que vous » attendez, parce que ceux que nous avions pré- » parés ont été commandés pour suivre les régi- » ments qui étaient à Luzarque, à Ponce, à Saint- » Leu, à La Chapelle, à Orli, et camper avec » eux dans l'armée, où déjà quatre mille soldats » ont fait leur devoir au tribunal de la pénitence » avec grande effusion de larmes. J'espère que Dieu » fera miséricorde à plusieurs, et que cela ne nuira » pas au bon succès des armées du roi. »

Les missionnaires, excités par les exhortations du bienheureux Vincent de Paul, résolurent de suivre en tous lieux les armées royales. Ils campaient avec elles ; jour et nuit la prière et le sacrifice s'élevaient jusqu'à Dieu ; le *Te Deum* de la victoire retentissait dans les camps, et les intercessions des missionnaires obtenaient le salut des âmes pour les guerriers qui succombaient dans les combats ; au milieu des rigueurs de l'hiver, ils donnaient l'exemple de la patience et du courage, ils étaient les premiers à l'oraison et au travail ; ils rappelaient aux soldats l'amour du prince et de la patrie, et la vie de l'éternité qui serait le prix de leurs travaux. Enfin, après une glorieuse campagne, l'armée rentra dans Paris, et les missionnaires reprirent leurs exercices dans la communauté de Saint-Lazare.

XIII

SECOURS FOURNIS PAR SAINT VINCENT AUX PROVINCES ENVAHIES.

Durant les longs déchirements des guerres civiles et les invasions étrangères, les peuples avaient beaucoup souffert. Les factions ne s'étaient point épargnées dans leur fureur, et les invasions d'un ennemi barbare avaient achevé ce que les partis avaient laissé debout.

Dans l'année 1639 surtout, la Lorraine avait éprouvé tous les maux de la guerre. Metz, Toul, Verdun, Bar-le-Duc et Saint-Mihiel étaient réduits à la plus profonde misère. « Il y avait en tout lieu, » dit un historien contemporain, des personnes de » tout état dans la dernière affliction et indigence, » jusque-là qu'il se trouvait des mères qui, par une » rage de faim, mangeaient leurs propres enfants;

» des filles, des demoiselles en grand nombre s'ap-
» prêtaient à la prostitution pour éviter la mort, et
» des religieuses étaient même à la veille de rompre
» leur clôture pour aller chercher du pain, au péril
» de leur honneur. » De si grandes misères, un si
grand désordre réveillèrent l'immense sollicitude
de saint Vincent de Paul. Dès qu'il apprit ces malheurs publics, il sollicita la bienfaisance des habitants de la capitale et de ces saintes dames qui, au
milieu des distractions de la cour, employaient leur
fortune au soulagement de tous les malheureux.
Mais ces premières aumônes furent bientôt épuisées ; les nécessités étaient si pressantes, la misère
si générale, qu'il fallait plus que des charités ordinaires pour satisfaire aux besoins d'une population
ruinée par la guerre. « Mais, disait le plus glorieux
des apôtres, *je puis tout en celui qui me conforte.* »
Et jamais ces paroles ne s'appliquèrent mieux qu'aux
efforts du bienheureux saint Vincent. Son zèle se
multipliait : plus la charge était forte, plus sa vigueur semblait augmenter. Qui le croirait ? Dans
ces temps de misères, il recueillit près de seize cent
mille livres d'aumônes pour les pauvres de Lorraine ; il sollicitait tous les rangs, tendait la main à
toutes les classes, depuis la reine de France jusqu'à
la femme de l'artisan. Pendant ces cruelles années

de malheurs publics, un seul frère de la mission, au nom de saint Vincent de Paul, fit cinquante-trois voyages dans la Lorraine, et chaque fois il y apporta vingt ou trente mille livres d'aumônes, et ce qu'il y a de remarquable, c'est que les missionnaires étaient respectés au milieu des désordres des camps, et arrivaient toujours, sans rencontrer l'insulte, dans les lieux où ils devaient distribuer leurs charités.

Un mode particulier de distribution fut adopté pour les familles d'une antique opulence, et qui avaient tout perdu dans la guerre. Par une de ces inventions que la charité véritable seule peut inspirer, saint Vincent leur épargnait même la honte de demander; des secours secrets s'adressaient à ces familles, et elles ignoraient souvent la main qui les prodiguait; quelquefois on leur faisait croire que c'était une grâce toute royale et un de ces bienfaits du trône que la noblesse pouvait recevoir. Quant au pauvre et à l'artisan, on lui distribuait du pain et du potage qu'on faisait faire pour leur nourriture; on ne leur donnait que peu d'argent à la fois, pour éviter ces prodigalités de la misère qui quelquefois veut s'oublier elle-même dans la débauche. Mais ce n'était pas encore tout, la Providence préparait de nouvelles épreuves. La guerre allait continuer; devant elle, chassés de leur patrie, s'enfuirent une partie des habitants de la Lorraine : un grand nombre vint se réfugier à Paris, et se jeta, comme par un sentiment naturel, dans les bras de saint Vincent de Paul, pour me servir de la belle expression du vieil évêque de Rhodez. Leurs prières ne furent pas impuissantes : l'homme pieux les abrita, leur procura du pain et des habits; le village de la Chapelle leur fut donné pour demeure ; les prêtres missionnaires leur portèrent des secours et des consolations religieuses, et ces malheureux attendirent patiemment la fin des guerres et des misères du royaume.

Parmi ces réfugiés, il y avait quelques gentilshommes et leurs familles, qui, ayant vendu à vil prix leurs biens héréditaires, étaient venus chercher un abri contre la tempête dans les murs de Paris : ils subsistèrent pendant quelque temps des faibles sommes qu'ils avaient sauvées du naufrage; mais, une fois leur fortune consommée, ils n'eurent plus d'espérance : la honte les empêchait de se plaindre, et ils aimaient mieux mourir de faim que de tendre la main à la pitié publique. Une personne respectable fit connaître à Vincent de Paul les besoins de cette noblesse malheureuse. « O monsieur, » répondit l'homme de Dieu, que vous me faites » plaisir ! Oui, il est juste d'assister et de soulager

» cette pauvre noblesse, pour honorer Notre-Sei-
» gneur, qui était très-noble et très-pauvre tout
» ensemble. » Vincent de Paul ne perdit pas de
temps, et, plein de cette sainte pensée, il réunit sept
ou huit gentilshommes des plus riches du royaume,
et leur parla avec tant d'onction sur le mérite de
cette œuvre de charité, que tous spontanément se
cotisèrent pour secourir les nobles familles de Lorraine.

Ce premier secours était suffisant pour satisfaire aux besoins les plus pressants, et afin de le
rendre continu et profitable, ces gentilshommes
résolurent de se réunir le premier dimanche de
chaque mois pour pourvoir aux besoins des pauvres
réfugiés. Il arriva, dans une de ces réunions, qu'il
manquait environ deux cents livres pour que la
somme nécessaire à cette charité fût complète : il était
impossible de se la procurer, et ce fut alors que saint
Vincent appela le Père procureur de la maison de
Saint-Lazare, et, le tirant à l'écart, il lui demanda
tout bas quel argent il avait : celui-ci lui répondit
qu'il n'avait que ce qui était nécessaire pour pourvoir le lendemain aux besoins ordinaires de la communauté, qui était alors fort nombreuse. Et combien y a-t-il? répliqua alors saint Vincent. —
Environ cinquante écus. — Cinquante écus! Eh

bien! allez-moi les chercher; et, quand on les eut apportés, il les donna pour fournir ce qui manquait pour la subsistance d'un mois des gentilshommes réfugiés, aimant mieux se réduire à emprunter ou à souffrir avec les siens, que de laisser ces infortunés dans la misère. Un de ceux qui contribuaient à cette charité, admirant la généreuse résolution de saint Vincent de Paul, envoya secrètement le lendemain un sac de mille livres à la maison de Saint-Lazare.

Cette œuvre envers les pauvres gentilshommes continua plus de huit ans, et lorsque les révolutions, agitant l'Angleterre, forcèrent une multitude de jeunes Écossais ou Irlandais à fuir leur patrie pour sauver la foi catholique menacée, saint Vincent de Paul étendit la charité publique sur les victimes de la religion comme sur les victimes de la guerre. En l'année 1649, les frontières de la Champagne et de la Picardie ayant été encore envahies, saint Vincent ouvrit son cœur à ces nouveaux malheurs. *Comme la palme qui s'élève avec d'autant plus de vigueur qu'elle est plus chargée,* suivant l'expression de l'Écriture, le serviteur de Dieu entreprit encore cette œuvre de miséricorde; plus de six cent mille livres, en pain, vivres, vêtements, remèdes pour les malades, outils pour cultiver la terre, et grains pour l'ensemencement, furent dirigées sur la Champagne et la Lorraine. Antique ville de Rheims, Rocroy, célèbre dans nos fastes militaires, dites-nous quels furent alors les bienfaits de l'homme saint? Les pauvres mouraient de faim et de froid, les vieillards et les orphelins couchaient sur la paille, dépouillés de leurs vêtements ; ils n'avaient plus que la pierre pour reposer leur tête ; ils avaient vu leurs maisons en cendres ; les palais et les chaumières étaient dévastés. Vincent de Paul entreprit de réparer cette grande ruine ; huit ou dix de ses généreux compagnons furent envoyés sur les lieux, et les filles de la charité, leurs pieuses compagnes, secondèrent leur zèle ardent, pour réparer les maux que la guerre avait faits.

XIV

**SAINT VINCENT A LA COUR DE LOUIS XIV
ET D'ANNE D'AUTRICHE.**

Il est impossible à la bienfaisance de fuir les grands et la cour. Celui qui sollicite par devoir, qui a besoin de grâces pour les répandre, doit se rapprocher de la source dont elles émanent et vaincre cette timidité naturelle, cette modestie de l'âme qui se plaît dans la solitude, loin des pompes et des grandeurs. L'homme bienfaisant qui s'approche du prince, devient en quelque sorte le ministre de ses charités ; il est tout à la fois utile à la majesté royale dont il exerce la pieuse munificence, et aux pauvres sur lesquels il appelle les bienfaits. La Providence a placé les grands sur les marches du trône, comme pour y faire monter la prière. La misère a souvent besoin de patronage pour se faire connaître ; trop d'importantes distractions occupent la majesté des princes qui gouvernent; c'est aux grand qu'il est donné d'indiquer les plaies qu'elle doit guérir, les maux qu'elle doit soulager.

Depuis que le christianisme s'est assis sur le trône avec Constantin, on a toujours vu les évêques et les pontifes de Jésus-Christ habiter les cours et souvent guider les conseils des monarques. Sur ces théâtres, la piété peut encore s'exercer ; le clergé a des devoirs à remplir auprès des rois comme dans la foule ; la parole d'un évêque a souvent arrêté la colère, fléchi le ressentiment ou excité les généreuses pensées. Au milieu de ses pieuses et nombreuses occupations, Vincent de Paul ne négligea donc point l'oreille des rois. Le règne de Louis XIII avait été agité par les convulsions de la guerre civile ; la sédition avait méconnu l'autorité, et les désordres religieux avaient survécu à la mort de Henri IV. Pendant le règne de Louis XIII, Vincent de Paul n'eut de communications avec la cour que pour remplir le saint ministère de défenseur des pauvres, et pour assister à ce moment solennel où l'âme de Louis XIII monta vers son Créateur. Un historien rapporte qu'à son agonie, le roi envoya chercher Vincent de Paul à Saint-Germain-en-Laye, pour en recevoir de salutaires avis et pour lui communiquer quelques des-

seins de piété. La première parole que prononça le serviteur de Dieu, en s'approchant du lit de douleur où reposait le successeur de tant de rois, fut cette belle sentence de l'Écriture : *Timenti Deum benè erit in extremis* ; à quoi le prince répondit, en achevant le verset : *Et in die defunctionis suæ benedicetur.* Le roi daigna s'entretenir avec lui de la direction des évêchés. « O monsieur Vincent ! lui
» dit-il, si je retournais en santé, les évêques de-
» meureraient trois ans en retraite chez vous. Je
» fais bien cas de votre institut, et je juge vos
» moyens très-propres et très-convenables pour
» préparer les ecclésiastiques à soutenir la charge
» très-pesante de ces dignités. » Saint Vincent demeura auprès du roi jusqu'au 14 mai 1643, jour où ce monarque expira. Après quelques consolations versées sur la douleur de la reine, Vincent de Paul s'en revint bientôt à Saint-Lazare offrir à Dieu des prières et célébrer l'office des morts, afin d'honorer, pour la dernière fois, la majesté royale au tombeau.

Ce fut sous l'administration d'Anne d'Autriche, régente du royaume, que Vincent de Paul commença à se trouver lié à l'administration de l'État. La reine-mère avait jugé à propos d'établir un conseil pour les affaires ecclésiastiques ; il fut composé du cardinal Mazarin, du chancelier, de M. Charton et de Vincent de Paul. Ce ne fut qu'avec une extrême répugnance qu'en l'année 1643, saint Vincent accepta cette participation aux affaires publiques. Il la supporta comme une croix et comme une misère; mais le bien qu'il pouvait faire dans ces fonctions le détermina à les accepter. En effet, l'occupation principale de ce conseil était le choix des prélats et des évêques propres à remplir les bénéfices ecclésiastiques, et ce choix rentrait essentiellement dans la pensée et l'expérience de saint Vincent de Paul. Pendant plus de dix années, toutes les affaires roulèrent sur lui : il recevait les demandes que l'on adressait au roi pour solliciter les bénéfices; il avertissait la reine sur les vertus et la capacité de chacun; il parlait au conseil pour soutenir ou faire rejeter les sollicitations. C'était un sujet digne d'admiration de voir ce grand serviteur de Dieu conserver une sainte égalité d'esprit au milieu d'un flux et reflux de personnes et d'affaires dont il était assailli continuellement, et posséder son âme en paix sous un accablement de distractions et d'importunités; il recevait tous ceux qui le venaient trouver toujours avec une même sérénité de visage, et sans sortir de soi-même, il se donnait à un chacun et se faisait tout à tous pour les gagner tous à Jésus-Christ (1). Et ce qu'il faut remarquer, c'est que la reine était alors environnée et pressée de toutes parts de demandes et de personnes, et qu'on courait aux bénéfices ecclésiastiques comme à la fortune. Saint Vincent devinait avec une sage habileté les saints pasteurs : il avait un tel instinct et un tel amour de la vertu, qu'il allait droit à elle pour l'arracher de la retraite. La reine voulait le récompenser par le chapeau de cardinal, il le refusa avec une profonde humilité.

XV

CONDUITE DE SAINT VINCENT AU MILIEU DES TROUBLES PUBLICS.

Des troubles publics commencèrent à se manifester vers la fin de l'année 1648. Paris, entraîné par un esprit de vertige, s'était soulevé, et cette sédition, comme une violente tempête, avait agité

---

(1) Expression de l'évêque de Rhodez.

tout le royaume. La cour fut obligée de se retirer à Saint-Germain-en-Laye, et les troupes royales s'approchèrent de la capitale. Saint Vincent était alors à Paris; dans sa douleur profonde, il se mit en prières, et demanda au Dieu de saint Louis qu'il lui inspirât quelque résolution salutaire pour cette France déchirée. Ce fut alors qu'il conçut le projet de se rendre à Saint-Germain, afin d'exprimer à la reine ce qu'il croyait le plus utile pour ramener la paix dans l'État. Au milieu des rigueurs de l'hiver, le 13 du mois de janvier, il partit de Paris, laissant en même temps une lettre pour le premier président du parlement, dans laquelle il lui disait qu'il se rendait à Saint-Germain pour traiter de la paix, et que s'il n'avait pas eu l'honneur de le voir avant de sortir de Paris, c'était pour assurer à la reine qu'il n'avait concerté sa résolution avec personne. Il voulait agir ainsi pour ôter tout soupçon à la cour, et pour s'adresser avec franchise à la majesté royale. Il était bien aise en même temps d'avertir le parlement, qui aurait pu s'étonner qu'un homme de son caractère eût quitté Paris sans avoir prévenu la compagnie de son voyage et de ses desseins. Étant parti de grand matin, il arriva au château vers neuf heures. La Seine avait débordé; les glaces avaient entraîné les ponts, et les soldats poussaient de tous côtés des reconnaissances. Vincent de Paul pénétra néanmoins dans le palais. S'étant présenté chez la reine, il lui parla près d'une heure, et alla trouver le cardinal Mazarin, avec lequel il eut une assez longue conférence : on l'écouta favorablement ; mais alors les partis et les amours-propres étaient trop vivement irrités pour qu'on pût espérer un rapprochement. Après différentes tentatives, il fut obligé de renvoyer à des temps plus heureux ses pieuses sollicitations. Durant les troubles, il demeura dans les campagnes, déplorant, comme un autre Jérémie, les misères du royaume, et offrant à Dieu ses larmes et ses souffrances pour toucher sa miséricorde.

Pendant les troubles de la guerre civile, retiré dans la petite chaumière de Freneville, saint Vincent distribuait aux pauvres tous les secours qu'il avait pu réunir, et ne se dérangeait de ses nobles occupations que pour entreprendre des pèlerinages et des prédications au milieu du royaume. Il alla d'abord au Mans, puis à Angers, alors au pouvoir des rebelles. On raconte qu'un gentilhomme l'ayant rencontré, et sachant qu'il faisait partie des conseils du roi, dit tout haut : « Il est bien possible qu'à deux » lieues d'ici M. Vincent ait la tête cassée. » Le saint voyageur ne se détourna pas de sa mission, et, continuant son voyage avec cette sécurité que donne la foi, il s'en alla à Nantes, à Luçon, visita la Guyenne, que les protestants possédaient presque tout entière. Il n'y reçut aucun mal, car sa réputation de charité s'étendant chaque jour, les protestants même le respectaient ; car il est des vertus qui s'élèvent au-dessus des animosités des partis et des haines religieuses.

Cependant les troubles commençaient à se calmer : une sorte de traité avait suspendu les longues querelles entre un ministre opiniâtre et le parlement en armes. Ces grands corps de magistrature venaient de rentrer sous l'obéissance royale. Vincent de Paul avait alors choisi pour retraite les propriétés de la duchesse d'Aiguillon : la reine voulut ramener ce saint personnage dans ses conseils ; elle ordonna à la duchesse d'Aiguillon de l'envoyer chercher. Après quelque résistance, il vint à Paris au mois de juillet 1649. On raconte à cette occasion une anecdote qui montre toute l'humilité de ce beau caractère. Madame la duchesse d'Aiguillon avait envoyé, pour conduire saint Vincent à Paris, un carrosse à deux chevaux. L'homme de Dieu touchait à sa soixante-quinzième année : il les accepta pour venir de Richelieu jusque dans les environs de Paris ; mais lorsque madame d'Aiguillon voulut les lui faire accepter pour son service, il les refusa absolument, disant qu'il aimerait mieux rester toute sa vie à Saint-Lazare que de se promener dans un carrosse de luxe, au milieu d'une cité malheureuse ; et lorsque l'Archevêque de Paris lui en fit un commandement exprès, il accepta, à cette condition que les chevaux de son carrosse seraient employés à cultiver les champs et à labourer les jardins de la communauté.

Les troubles se renouvelèrent en 1652 : la guerre agitait tout le royaume ; les dissensions civiles déchiraient les provinces ; partout d'épouvantables désordres ; les partis n'obéissaient que vaincus, et il semblait que ces temps de confusion dont parle l'Écriture fussent arrivés.

Saint Vincent ordonna des prières publiques pour rendre la paix aux États et la puissance aux rois. L'histoire nous a conservé une de ces exhortations pieuses qu'il adressait aux princes et aux peuples de la terre : « Priez Dieu, s'écriait-il, priez Dieu,
» mes frères, pour la paix du monde chrétien. Hé-
» las ! nous voyons la guerre de tous côtés : guerre
» en France, guerre en Espagne, en Italie, en Al-
» lemagne, en Suède, en Pologne, en Hibernie,
» dont les pauvres habitants sont transportés en
» des montagnes et des rochers presque inacces-

» sibles : l'Écosse tremble, l'Angleterre s'agite ;
» guerre enfin par tous les royaumes, et misère
» partout. O Sauveur! ô Sauveur! pour combien
» de temps encore nous menaces-tu de tes fléaux?
» Si, pour quatre mois que nous avons eu ici la
» guerre, nous avons subi tant de maux, que de-
» viendront les pauvres frontières qui ressentent
» ces fléaux depuis vingt ans? Le paysan a semé,
» mais il ne sait pas s'il pourra recueillir. Les ar-
» mées viennent, qui moissonnent, pillent, enlèvent
» tout; après cela que faire? Il faut mourir. S'il y
» a de vraies vertus, c'est pourtant parmi les pau-
» vres gens qu'elles se trouvent; ils ont une foi
» vive, ils croient simplement ; ils sont soumis aux
» ordres de Dieu ; ils souffrent tout ce qu'il lui plaît
» et autant qu'il lui plaît. Exposés, tantôt aux ar-
» deurs du soleil, tantôt aux injures de l'air, ces
» pauvres laboureurs ne vivent qu'à la sueur de
» leur front, et ils nous donnent leurs travaux.
» Tandis qu'ils se fatiguent ainsi pour nous nour-
» rir, hélas! mes frères, nous cherchons l'ombre,
» et nous nous reposons sous un toit solide! Dans
» nos missions même ne sommes-nous pas à l'abri
» de l'injure de l'air? Eux, au contraire, suppor-
» tent le vent, la pluie, la rigueur des saisons. Vou-
» lez-vous que je vous dise, mes frères? Quand je

» porte un morceau de pain à ma bouche, je me
» dis à moi-même : Misérable, as-tu gagné le pain
» que tu vas manger, le pain qui te vient du travail
» de ces pauvres? Faisons donc comme Moïse : le-
» vons continuellement les mains au ciel pour eux,
» et, si nous négligeons de les servir, ils pourront
» nous dire : Vous êtes la cause de nos misères. »
Qu'elles sont éloquentes ces paroles ! Quel langage touchant, toujours suivi d'actions plus touchantes ! Vous donc qui ne croyez pas, venez apprendre ce que c'est que le christianisme, et dites-nous si, dans l'antiquité, votre idole, le portique, eut des vertus égales aux vertus dont nous retraçons l'histoire.

Au milieu des désordres, les dignités et les bénéfices ecclésiastiques avaient été dispersés, et la tempête publique, pour nous servir d'une expression de saint Augustin, avait réduit l'Église en poussière. Placé dans les conseils de la reine, Vincent de Paul ne négligea rien pour établir la gravité des mœurs dans le clergé, et pour confier les dignités ecclésiastiques à ceux qui les méritaient le mieux. Il faut voir avec quel zèle il étudiait la conduite publique et la vie privée des pasteurs ; avec quel discernement il savait révéler les beaux caractères et la piété cachée au choix du cardinal Mazarin.

Il fonda, dans cet intervalle, l'établissement des filles de la congrégation de la Croix, noble et sainte institution, destinée à l'éducation des pauvres filles de la campagne. Ce fut par les conseils du bienheureux Vincent de Paul que Marie l'Huillier, veuve du marquis de Villeneuve, établit une sorte de communauté, composée de quelques filles de la Picardie, que les maux de la guerre avaient amenées dans la capitale. Comme presque toutes savaient lire et écrire, Vincent de Paul destina leurs soins et leurs veilles à élever les filles de la campagne, afin qu'avec l'instruction nécessaire elles pussent acquérir les vertus chrétiennes qui conservent les mœurs et protègent la chasteté. Cette communauté, si utile, reçut l'assentiment de l'Archevêque de Paris, sous le titre de Filles de la Croix. Des lettres patentes du roi autorisèrent cette sainte institution que la duchesse d'Aiguillon établit pour la première fois dans ses terres ; de là elle s'est étendue et a prospéré dans tout le royaume : elle est encore un souvenir de la bienfaisance de son illustre fondateur.

Nous n'avons pas besoin de dire avec quel soin saint Vincent protégea, dans le conseil qu'il dirigeait, les maisons saintes qu'il avait fondées. Saint-Lazare, la Charité, les Enfants-trouvés, les religieuses de la Visitation, dont il dirigea l'utile institut après François de Sales, tout se ressentit de la présence de Vincent de Paul à la direction des affaires publiques. Après avoir servi la majesté royale par un zèle sans bornes, notre saint lui parlait toujours de ses petits orphelins et de ses pauvres malades. « Si vous voulez apporter un remède aux maux du royaume, disait-il à la régente et au cardinal Mazarin, secourez les infortunés, afin que Dieu vous protège à son tour. Dieu aime les pauvres ; il l'a été lui-même, et les puissants peuvent se rendre agréables à lui en multipliant leur miséricorde. » Les monuments du temps nous disent que jamais saint Vincent n'assistait au conseil sans demander quelque chose pour ses pauvres ; il ne les oubliait point sous le poids des affaires publiques, parce qu'il faisait entrer leurs besoins dans les premiers devoirs de la royauté.

XVI

CONDUITE DE SAINT VINCENT PAR RAPPORT AUX DOCTRINES DE JANSÉNIUS.

La profonde charité de saint Vincent, son ardent amour pour ses frères ne l'entraînèrent point dans cette indulgence pour les doctrines, dans cette tiédeur pour les opinions, que le chrétien ne peut montrer sans protéger l'hérésie même. Il y a une bien grande différence entre aimer son prochain et tolérer les erreurs de son prochain : aimez votre semblable, mais foudroyez ses illusions; voilà la véritable foi du chrétien.

Je sais qu'il est des hommes qui, confondant ces nuances bien distinctes sous le voile de l'indulgence, tolèrent les opinions les plus perverses. Les sentiments, disent-ils, sont un sanctuaire qu'on doit respecter; pourquoi irai-je pénétrer dans la conscience de mon frère pour la troubler? Mais si vous connaissez la vérité, pourquoi ne la feriez-vous point entendre ? Mais si votre amour est si vif, pourquoi abandonner celui que vous aimez à ses erreurs ? S'il s'égarait dans les jeux de la fortune, ou s'il violait les lois de la morale, ne lui feriez-vous pas entendre la vérité, la vérité même sévère ? Eh bien ! si vous êtes religieux, si vous avez la foi de Jésus-Christ, pourquoi respecteriez-vous les illusions de sa conscience égarée ? Aimez l'homme, mais frappez les mauvaises doctrines ; soyez aussi ardents pour les combattre que vous êtes indulgents pour ceux qui les professent ; en un mot, il serait aussi mal de persécuter vos semblables par zèle pour les doctrines, que de pardonner aux doctrines par un faux respect pour vos semblables.

Ce que nous venons de dire nous explique la chaleur que mit Vincent de Paul dans la défense des doctrines de l'Eglise, attaquées par deux ennemis également redoutables, les hérésies de Luther et de Calvin, et plus tard par le jansénisme. Le protestantisme se montrait, à cette époque, plein de hardiesse ; mais il y avait dans cette hérésie des caractères si distincts qui la séparaient de l'Eglise, qu'il était impossible au chrétien de bonne foi, au catholique fidèle, d'être entraîné jamais dans les erreurs qui se manifestaient si visiblement en contradiction avec les doctrines de l'Eglise et les canons des saintes Ecritures. Mais vers le milieu du dix-septième siècle, une sorte d'hérésie nouvelle s'éleva, non pas que nous voulions la confondre avec le protestantisme, le reproche serait injuste, mais plus dangereuse encore, en ce que se présentant sous des formes orthodoxes, s'annonçant même comme un système de protection et d'indépendance pour les couronnes et le clergé national, elle était plus propre à entraîner quelques bons esprits, quelques véritables catholiques ; nous voulons parler du jansénisme.

Les saints ont tenu toujours à grand honneur de demeurer dans une humble dépendance, non-seulement des ordres et de la volonté de Dieu, mais aussi des lois de son Eglise ; ils ont hautement fait profession d'une croyance aveugle et absolue, et d'une abnégation de leur entendement aux divines paroles de Jésus-Christ et aux saintes lois de ses apôtres.

Lorsque le livre de Jansénius, intitulé *Augustinus*, fut mis en lumière, et que la nouveauté de ses doctrines commença à semer la division au milieu des fidèles, saint Vincent, sans adopter aucune opinion, attendit un jugement suprême ; mais quand il eut vu cette nouvelle doctrine foudroyée par les anathèmes de l'Eglise et des constitutions d'Innocent X et d'Alexandre VII, il n'hésita plus, et mettant sous ses pieds toute raison de prudence politique, il se déclara directement opposé aux erreurs condamnées et à tous les pernicieux desseins de ceux qui voulaient s'obstiner à les soutenir ; il publia ses opinions et ne dissimula rien quand il fallut parler. Il s'éleva avec toute la chaleur de la conviction contre la doctrine repoussée par les Pontifes ; mais, quoiqu'il ait fait paraître toujours un très-grand zèle pour soutenir les constitutions de l'Eglise, pour s'opposer à tout ce que quelques esprits mal-intentionnés s'efforçaient de faire pour en éluder l'exécution, il sut néanmoins, comme nous l'avons déjà dit, faire la différence des personnes et des erreurs ; détestant l'erreur, il garda toujours une vraie et sincère charité pour ses amis qui la professaient ; il allait les visiter à Port-Royal, pour les convier et obliger doucement à se réunir ; mais cette grande douceur n'ôtait rien à sa vigilance pour sauver ses frères de la contagion de l'erreur ; le voilà qui parcourt les campagnes, qui visite les communautés pour les empêcher de se livrer aux erreurs nouvelles ; le voilà à la tête des affaires ecclésiastiques, ne souffrant pas que les dignités soient confiées à des caractères douteux, à des fois incertaines ou timides. Disons-le ici avec **une** sincère conviction, il est heureux, pour la foi catholique, de trouver ainsi réunis un modèle d'orthodoxie et un modèle de bienfaisance.

XVII

FONDATION DE L'HOPITAL DES VIEILLARDS.

Il y a cela d'admirable dans cette vie, qu'elle est toute pleine, et que jusqu'à l'heure de la mort, Vincent de Paul ne cessa de faire du bien. C'est en effet peu d'années avant de s'éteindre, qu'il conçut la pensée d'établir l'hôpital des pauvres vieillards, fondé à Paris vers l'année 1653. Un habitant de cette ville, animé du désir de faire quelque chose d'agréable à Dieu, s'adressa à saint Vincent, et déposa dans ses mains une somme assez considérable, qui devait être appliquée à des œuvres de piété, sous la condition expresse qu'on ne nommerait point le fondateur, ne voulant être connu que de Dieu seul. L'exemple de saint Vincent, comme on le voit, fructifiait de toutes les manières, et sa bienfaisance, noblement imitée, germait dans tous les cœurs. L'homme de Dieu ne crut pas devoir refuser un service qui lui donnait les moyens d'être utile. Il réfléchit longtemps sur la destination qu'il donnerait au dépôt qu'on lui avait confié, et il convint avec son charitable associé de fonder un hôpital qui servît de retraite aux pauvres artisans accablés de vieillesse et de misère. Pour exécuter ce dessein, ils achetèrent deux maisons et un terrain considérable dans le faubourg Saint-Laurent de la ville de Paris; ils les fournirent de lits, de linge et de toutes les choses nécessaires; on y bâtit une chapelle, et, avec le restant de la fondation, on acquit une rente annuelle destinée aux besoins de quarante vieillards, qu'on nourrirait et entretiendrait dans l'établissement. Afin d'éviter l'oisiveté, saint Vincent fit acheter des outils et autres choses convenables pour les occuper, selon leur force et leur industrie. Dans leur inépuisable bienfaisance, les filles de la charité se chargèrent encore du soin de cette nouvelle maison, et un prêtre de la mission y célébra la messe, et administra aux pauvres les sacrements et la parole du Sauveur. Dans le titre de cette fondation, le modeste fondateur se dérobe à la reconnaissance publique; l'hôpital prend le nom de

Jésus, et des lettres du roi l'autorisent à recevoir les legs de la piété et les fondations de la bienfaisance.

L'ordre admirable que saint Vincent établit dans cet hôpital des vieillards, frappait tous ceux qui venaient le visiter : là, régnaient la paix et une union touchante; les vices du cœur et jusqu'aux murmures de la médisance venaient y mourir. On n'y voyait que le travail. C'était une image de la vie des premiers chrétiens; une communauté religieuse plutôt qu'un hôpital. Un pareil spectacle était bien propre à exciter les généreuses aumônes des fidèles. Le malheur des temps avait multiplié la mendicité; les pauvres remplissaient les rues de Paris, où ils passaient leur vie dans l'oisiveté, quelquefois même dans le libertinage. Plusieurs dames de la charité eurent donc la pensée de réunir dans un hôpital général ces mendiants, afin de les soumettre à un travail régulier et de leur procurer les ressources nécessaires pour subsister. Il ne fallait plus pour cela que trouver des ressources : Vincent de Paul entreprit de les procurer à l'établissement, et à la suite d'une prédication éloquente, les dons se multiplièrent avec une abondance qu'on devait peu espérer dans ces temps de misère. Une dame de la charité donna cinquante mille livres, une autre assura trois mille livres de rentes; enfin, dans peu de jours, il put acquérir d'immenses terrains et des maisons d'une vaste étendue, pour loger tous les pauvres de Jésus-Christ. Le roi ne voulant même pas qu'une si grande institution pût naître sans la munificence du trône, l'encouragea et fit don à la maison nouvelle de tous les enclos de la Salpêtrerie, vis-à-vis de l'Arsenal. La reine régente agrandit cet établissement, et des sommes considérables furent versées par la couronne pour le rendre utile à tous les pauvres de Paris.

Cependant l'œuvre n'allait point assez vite au gré des vertueuses femmes qui l'avaient entreprise; saint Vincent cherchait toujours à les encourager. « Les
» saintes œuvres, disait-il, ne se font que progres-
» sivement; quand Dieu voulut sauver Noé du dé-
» luge avec sa famille, il lui commanda de con-
» struire une arche, qui pouvait être achevée en
» peu de temps, et néanmoins il la lui fit commen-
» cer cent ans auparavant, afin qu'il la fît petit à
» petit. Dieu voulant aussi envoyer son Fils au monde
» pour remédier au péché du premier homme, ne
» tarda-t-il pas trois ou quatre mille ans? C'est que
» Dieu ne se hâte point dans ses ouvrages. Ainsi
» donc, il faut aller doucement, pour bien aller; il
» faut d'abord essayer, prendre cent ou deux cents

» pauvres de ceux qui se présenteront sans en con-
» traindre aucun, et ceux-là étant bien traités atti-
» reront nécessairement les autres ; ainsi l'on aug-
» mentera le nombre à mesure que la Providence
» augmentera les moyens. »

Enfin, le zèle triompha des obstacles ; toutes les dames, toutes les administrations, le prince, les sujets concoururent sous les inspirations de saint Vincent de Paul à l'établissement de l'hôpital général qui était alors devenu comme une pensée publique. Voici ce qu'il écrivait au mois de mars 1657 à un des missionnaires en province : « On va ôter la
» mendicité de Paris, et ramasser tous les pauvres
» pour les établir dans des lieux convenables, les
» instruire et les occuper ; c'est un grand dessein,
» fort difficile, mais qui est bien avancé, grâce à
» Dieu. Beaucoup de personnes donnent abondam-
» ment et d'autres s'emploient volontiers : on a
» déjà dix mille chemises et du linge à proportion.
» Le roi et le parlement ont fortement approuvé ce
» projet, et ils ont destiné les prêtres de notre con-
» grégation et les filles de la charité pour le ser-
» vice des pauvres, sous le bon plaisir de Mgr l'Ar-
» chevêque de Paris. »

Tous les établissements de charité prospéraient ainsi sous les yeux de saint Vincent de Paul ; les missions étendaient leur empire dans les deux mondes. La congrégation des Bons-Enfants se régularisait et s'augmentait tous les jours. La maison de Saint-Lazare était devenue comme le foyer de toutes les bienfaisances, et lorsque quelqu'un avait dessein d'entreprendre une bonne œuvre, il allait solliciter de Vincent de Paul les conseils, les secours et la coopération nécessaire pour réussir. Ce saint homme visitait les maisons religieuses, parcourait les hôpitaux, répondait à toutes les consultations que la piété lui adressait. L'oraison, le service des autels, les retraites spirituelles partageaient aussi sa vie, et c'est dans le sanctuaire qu'il allait puiser des forces pour secourir les affligés ; imitant en cela Moïse, qui, accablé des affaires de toute une nation et de la conduite d'un grand peuple, n'avait point de refuge plus assuré ni de retraite plus douce que le sanctuaire.

XVIII

MALADIE ET MORT DE SAINT VINCENT DE PAUL.

Les travaux d'une si sainte vie avaient épuisé les forces de saint Vincent de Paul. Pendant sa longue existence, il avait été comme l'holocauste parfait que Dieu demanda aux Israélites ; aux afflictions de l'âme, que le Seigneur semble multiplier à l'égard des saints, comme pour les éprouver, s'étaient joints les maux du corps. Dès l'âge le plus tendre, saint Vincent de Paul avait été exposé aux atteintes d'une maladie aiguë. Dans la maison de madame de Gondi, il avait été frappé d'une espèce de paralysie : ses jambes pouvaient à peine le soutenir ; il était consumé par une fièvre continuelle qui durait quelquefois trois, quatre et même quinze jours de suite ; pendant ce temps, il n'interrompait jamais ses exercices, se levait toujours à quatre heures du matin :

seulement il se soumettait à son remède ordinaire, qui consistait à se couvrir durant son sommeil, de manière à être trempé de sueur. En l'année 1645, cette fièvre fit de tels ravages dans le corps du saint homme, qu'il fut pendant quelque temps aux portes du tombeau. Dans ce péril extrême, Vincent communiait tous les jours ; il adressait à Dieu de ferventes prières, et ses frères l'entendirent souvent répéter ces saintes paroles : « Daignez, Seigneur, » me recevoir avec bénignité. »

Dieu avait réservé une longue vie et de grandes souffrances à son serviteur : avec les années ses jambes s'enflèrent, et les infirmités de sa jeunesse devinrent de graves maladies. Sa vie était alors un martyre continuel ; il était comme l'homme des douleurs dont parle l'Écriture. Jamais cependant on n'entendit de sa bouche sortir la moindre plainte ; seulement, au milieu de ses souffrances les plus aiguës, il prononçait ces paroles : O mon Sauveur! mon bon Sauveur! et jetait souvent les yeux sur une petite croix de bois et sur l'image de Jésus-Christ.

On croirait peut-être qu'au milieu de ses maux Vincent de Paul diminuait quelque chose des rigueurs auxquelles il s'était condamné : loin de là, il couchait toujours sur une paillasse, observait avec la même sévérité les jeûnes et les abstinences, et à mesure que son corps s'affaiblissait, son âme ardente semblait augmenter de force et de puissance. Il s'occupait avec le même zèle du soin de sa congrégation, des missionnaires et des pauvres surtout. Il assemblait souvent les officiers de sa maison, les exhortait au bien, leur prescrivait les devoirs qu'ils avaient à remplir, et les services qu'ils avaient à faire. Il répondait de sa propre main à toutes les lettres qu'on lui écrivait, et entretenait sur tous les points son active correspondance. Cependant la nature s'affaissa tellement en lui, qu'il ne pouvait plus s'expliquer qu'avec peine. Quand la parole lui revenait, c'était pour exhorter les bons Pères de Saint-Lazare au travail et à la pénitence. Il y avait toujours dans ses discours quelque chose qui tenait de l'enthousiasme et de la sainteté, ses paroles étaient comme des oracles qui animaient d'un pieux zèle tous ceux qui les entendaient.

Cependant la mort approchait à grands pas, et tous les prêtres de la communauté de Saint-Lazare s'apercevaient qu'elle allait bientôt se saisir de sa proie. Saint Vincent, calme dans ce moment, parce qu'il y était bien préparé, les exhortait à veiller bien plus aux besoins des pauvres qu'à ses propres besoins. On rapporte qu'un des jeunes prêtres de la communauté, ayant écrit à un de ses pieux collègues, qu'il craignait bien que leur bienheureux supérieur n'eût que peu de temps à vivre, la lettre tomba dans les mains de saint Vincent de Paul ; il la lut, et la rendant à son auteur, il lui dit : « Je vous remercie de l'avertissement que vous me donnez. Je vous dirai cependant que Dieu m'a fait la grâce d'en éviter le sujet, et je vous le dis, afin que vous ne soyez pas scandalisé de ne me voir pas faire de préparations extraordinaires ; il y a dix-huit ans que je ne me couche jamais sans être en disposition de mourir dans la nuit. »

Il y avait donc longtemps que ce fidèle serviteur avait, ainsi qu'il est dit dans l'Écriture, les *reins ceints* et la *lampe allumée*. L'heure de la mort était toujours présente à son esprit, il la jugeait la plus salutaire pensée, et l'homme religieux devait l'avoir, disait-il, deux ou trois fois par jour pour se bien conduire dans la voie du salut. Vincent de Paul se disposait de plus en plus au dernier passage ; les forces du corps l'ayant abandonné, il cultivait au fond de son âme toutes les vertus qu'il croyait les plus agréables à Dieu. Le 25 septembre, à midi, il s'endormit dans sa chaise, ce qui lui arrivait depuis quelques jours : il considérait cet assoupissement comme l'image de la mort ; lorsqu'il sortait de cette espèce de léthargie, il avait l'habitude de dire : « Le frère vient en attendant la sœur, » voulant exprimer par là que le sommeil était une sorte de signe avant-coureur de la mort. Il revint cependant encore de cet assoupissement, mais très-faible et très-agité. Le dimanche, 26 septembre, il se fit porter à la chapelle de la communauté ; il y reçut les derniers sacrements, et, au milieu des saintes cérémonies, il s'assoupit encore dans les bras de ses frères : tout ce qu'il put faire en s'éveillant fut de prononcer quelques mots entrecoupés.

L'Écriture nous apprend que Dieu, ayant appelé Moïse sur les montagnes de Net, lui fit le commandement de mourir en ce lieu-là, et le *saint patriarche mourut sur la bouche du Seigneur*. Telle fut aussi la fin du vertueux prêtre de Saint-Lazare. Le lundi, 27 septembre 1660, à quatre heures et demie du matin, il rendit son âme à Dieu. Toute la communauté était rassemblée autour du lit de douleur et sollicitait à genoux sa dernière bénédiction ; il l'entendit, et, au moment où ses mains glacées s'abaissaient, comme celles du saint patriarche, pour appeler les dons du ciel sur les vertueux prêtres qui avaient suivi ses traces, un soupir profond annonça qu'il avait cessé de vivre. Son visage resta le même, avec sa douce expression et son angélique sérénité. Il mourut par une pure défaillance de la nature, comme une lampe qui s'éteint insensiblement quand l'huile vient à manquer, selon l'expression de l'évêque de Rhodez.

Il demeura exposé le lendemain, 28 septembre, jusqu'à midi, d'abord dans le lieu où il avait terminé sa vie, et ensuite dans la chapelle de Saint-Lazare, où le service divin se fit avec toutes les pompes et les solennités de l'Église. Ses funérailles ne furent majestueuses que par leur simplicité : le prince de Conti, le nonce du Pape s'étaient mêlés à la foule des pauvres, et les dames de la charité précédaient une foule d'orphelins que la pieuse sollicitude de Vincent de Paul avait sauvés de la misère. Son cœur fut renfermé dans une boîte de plomb, et son corps dans un modeste sépulcre. On lisait dans l'église de Saint-Lazare cette modeste épitaphe :

Hic jacet venerabilis vir, Vincentius à Paulo, presbyter, fundator seu institutor, et primus generalis congregationis Missionis, necnon puellarum Charitatis : obiit die 27 septemb. anno 1660, œtatis verò suœ 85.

Avant de juger cette vie, avant de voir quelle récompense elle reçut, il nous paraît indispensable de suivre les autres parties du plan que nous nous sommes tracé, c'est-à-dire l'histoire des institutions fondées par saint Vincent de Paul et la morale de cet illustre serviteur de Dieu.

LIVRE DEUXIÈME

INSTITUTIONS FONDÉES PAR SAINT VINCENT DE PAUL.

On ne peut séparer un homme du bien qu'il a fait : il vit, pour ainsi dire, dans ses ouvrages ; ses bonnes œuvres perpétuent la mémoire de son nom et appellent la reconnaissance des âges les plus reculés. De quelque manière qu'on examine la vie de saint Vincent de Paul, c'est de cette vie qu'on peut dire qu'elle est toute pleine. Qu'on contemple en effet le majestueux édifice que les vertus chrétiennes du saint confesseur élevèrent à la religion et à la bienfaisance ; rien n'échappe à cette piété admirable, ni les besoins du clergé, ni les nécessités des pauvres. A sa voix, de courageux missionnaires vont, nouveaux François-Xavier, évangéliser les peuples les plus barbares ; ici, des prêtres vénérables instruisent les jeunes pasteurs pour les préparer au saint ministère ; là, se groupent ces associations, ces confréries charitables auprès de toutes les misères; au milieu des guerres civiles et des invasions étrangères, des hôpitaux s'élèvent comme par miracle, et le pauvre trouve un abri contre les tourments d'une triste existence. Notre ouvrage serait donc incomplet, si, après avoir tracé la vie de saint Vincent de Paul, nous ne revenions pas sur l'histoire des institutions qu'il a fondées; nous allons en suivre, dans ce livre, l'origine, les développements et les résultats.

I

IDÉE GÉNÉRALE DES MISSIONS ÉTABLIES PAR SAINT VINCENT DE PAUL.

Nous avons vu l'origine et le caractère des missions établies par saint Vincent; l'expérience nous a fait voir tout le bien qu'elles pouvaient faire, particulièrement aux classes ignorantes qui n'agissent que par suite de grandes et fortes émotions;

les courses pieuses des missionnaires produisirent des effets presque miraculeux; les évêques de toutes les provinces les sollicitaient comme un bienfait. Nous trouvons dans une lettre de l'évêque de Chartres, de l'année 1647, ces paroles remarquables : « La mission est un des plus grands biens et des plus nécessaires que je connaisse ; car le pauvre peuple est plongé dans la plus grande ignorance, et, si vous pouviez voir son état dans mon diocèse, vous en seriez touché de compassion. Je vous le dis en vérité, la plupart de ceux qui sont catholiques ne le sont que de nom, et ne savent pas même ce que c'est qu'être catholique, et c'est ce qui me donne mille peines ; car ils ne font aucune distinction entre aller au prêche ou à la messe. »

Saint Vincent connaissait bien l'importance de ces prédications évangéliques : « Travaillons, disait-il, au salut des pauvres gens des campagnes, parce que Dieu nous a appelés pour cela, et saint Paul nous convie de marcher en notre vocation et de correspondre aux desseins éternels que Dieu a eus sur nous. Ce travail-là est le capital de notre congrégation ; car nous n'eussions travaillé jamais aux ordinands et aux séminaires des ecclésiastiques, si nous n'avions jugé qu'ils étaient nécessaires pour maintenir les peuples en bon état, et conserver le fruit des missions, afin qu'il y eût de bons ecclésiastiques parmi eux, imitant en cela les conquérants qui laissent des garnisons dans les places qu'ils ont conquises. Ne sommes-nous pas bienheureux, mes frères, d'exprimer la vocation de Jésus-Christ? Car qui exprime mieux la manière de vivre que Jésus a tenue sur la terre que les missionnaires? Voyez-vous comme ils se transportent aux Indes, au Japon, au Canada, pour achever l'œuvre que Jésus-Christ a commencée, et qu'il n'a point quittée depuis le premier instant de sa vie jusqu'à sa mort; pensons qu'il nous dit intérieurement: Allez, missionnaires, où je vous envoie; voilà de pauvres âmes qui vous attendent, dont le salut dépend en partie de vos prédications et de vos catéchismes. »

Pénétré de la haute destination des missionnaires, saint Vincent devait être naturellement convaincu de l'immensité de leurs devoirs; il pensait que les missionnaires avaient particulièrement besoin d'une profonde humilité, d'une grande défiance d'eux-mêmes, pour ne pas attribuer à leur industrie, ni à leur travail la conversion des âmes; ne retenant pour eux que la confusion de leurs défauts et l'impuissance de leurs talents. Ils devaient avoir une parfaite confiance en Dieu, ne se rebuter d'aucune difficulté, le zèle devant les entraîner à servir les hommes, à provoquer leur conversion ; ils devaient se soumettre à de continuelles mortifications du corps ; ils devaient afficher une indifférence profonde pour les emplois et les biens d'un monde misérable, en sorte même que si leurs paroles réussissaient dans une ville, ils ne pussent pas, sous le prétexte même du bien qu'ils font, se dispenser d'obéir, si le supérieur leur commandait d'abandonner la chaire de vérité. Les missionnaires devaient déférer ponctuellement aux volontés des évêques, des curés, se livrer à l'oraison avec une ferveur particulière. « J'ai appris de diverses personnes, écrivait Vincent de Paul à un chef de mission, que la bénédiction de Dieu s'est répandue sur vos paroles ; je prie qu'il vous donne de plus en plus l'humilité dans vos fonctions, parce que du moment que vous croirez que votre éloquence seule touche les âmes, Dieu vous ôtera la grâce qu'il vous fait ; humiliez-vous donc grandement, monsieur. Ah ! que profitera-t-il au plus grand prédicateur du monde d'avoir fait retentir ses prédications dans une province, si, avec tout cela, il vient se perdre par son orgueil ? »

Dans une autre exhortation, Vincent de Paul recommande à ses missionnaires de ne point se laisser emporter à une ferveur excessive dans leurs prédications, de ne pas trop élever le ton de leur voix, de parler au peuple avec onction, mais avec une voix médiocrement élevée; et ceci, autant pour mieux être compris par leur auditoire, que pour ménager les forces et la santé des ouvriers évangéliques. Ayant à prêcher souvent, quelquefois à deux reprises le même jour, ils se réduiraient eux-mêmes à l'impuissance de continuer, s'ils épuisaient leur voix et leur poitrine. « Ne faites pas trop d'efforts en parlant au peuple, écrivait-il à un pieux missionnaire; j'apprends que cela vous affaiblit beaucoup. Au nom de Dieu, monsieur, ménagez votre santé; modérez vos paroles et vos sentiments. Je vous ai dit autrefois que Notre-Seigneur bénit les discours qu'on fait en parlant d'un ton commun et familier, parce qu'il a lui-même enseigné et prêché de la sorte, et que cette manière de parler étant naturelle, elle est aussi plus aisée que l'autre, et le peuple la goûte mieux et en profite davantage. »

C'est principalement à l'égard des protestants que les ouvriers de la parole évangélique devaient redoubler de zèle et de précautions; la crainte d'élever des discordes dans des provinces peuplées de protestants, telles que la Guienne, le Languedoc et le Poitou, devaient contenir leurs prédications dans des bornes sévères. Saint Vincent, dont la charité était aussi éclairée que vive, ne voulait point être la cause d'accidents et de troubles dans le royaume, et c'est pourquoi il prescrivit à ses missionnaires des règles de conduite admirables avec les hérétiques; il voulait que les disputes en matière de religion, celles surtout qui se font avec aigreur et avec des paroles piquantes, ne fussent pas employées pour éclairer les malheureux disciples de l'hérésie. « On ne gagne rien par la fierté et la colère ; vous vaincrez plus aisément par l'humilité et la charité. Ne négligez point cependant la théologie polémique; soyez toujours prêts, comme les apôtres, à rendre raison de votre foi, et à en soutenir la vérité dans des conférences amiables avec les protestants, et, répondant toujours doucement à leurs objections, témoignez-leur du respect et de l'affection, non sans doute pour flatter leur erreur, mais pour gagner leur esprit; qu'une vie exemplaire surtout soit une sorte de prédication perpétuelle au profit de la foi ; prêchez contre le vice et les mauvaises mœurs ; que votre zèle multiplie les moyens, que la charité les fertilise, selon l'expression de l'Écriture ; mais, au nom de Dieu, point de disputes envenimées, point de paroles irascibles.

II

RÈGLES ET SUCCÈS DES MISSIONS DE SAINT VINCENT.

Pour obtenir ce résultat, saint Vincent de Paul savait bien que le meilleur moyen était la règle. Les missions étant l'ouvrage de la grâce divine, il fallait qu'elles se fissent avec ordre, et que chaque troupe de missionnaires fût, selon l'expression de saint François-Xavier, comme une troupe de soldats bien disciplinés, laquelle, par son bon ordre, se rendit terrible et formidable aux ennemis de Jésus-Christ.

La première condition pour évangéliser dans un diocèse doit être la permission de l'évêque ; les missionnaires doivent la présenter au curé, dont ils obtiendront le consentement préalable et la bénédiction dans le sein même de l'église ; s'ils refusent la mission, les ouvriers évangéliques doivent prendre congé d'eux avec humilité, pour imiter et honorer surtout l'acquiescement de Notre-Seigneur au refus de sa parole qu'on lui a fait quelquefois, ainsi qu'il est rapporté dans l'Évangile. Lorsque le mandement et la permission ont été publiés, un prêtre doit faire l'ouverture de la mission un jour de fête ou de dimanche, et il annoncera à ses paroissiens la venue prochaine des missionnaires ; il exhorte d'abord les fidèles à la patience et à une bonne confession. Après vêpres, il fait encore un sermon qui appelle à la pénitence les brebis égarées ; après l'arrivée des missionnaires, les exercices commencent : ils doivent consister principalement à suivre le catéchisme, à entendre les confessions, à préparer les réconciliations de ceux qui sont en quelque inimitié ou discorde, à visiter et consoler les malades, imposer des corrections fraternelles aux pécheurs impénitents, remédier autant qu'il se peut aux abus des désordres publics, sans oublier les œuvres de miséricorde et de charité particulières que la religion impose aux chrétiens.

Comme c'est aux hommes de la campagne que s'adressent ces exercices, les missionnaires doivent monter en chaire dès le grand matin, afin que le paysan puisse les entendre sans se détourner de ses ravaux, ils doivent aussi prêcher le soir dans le même objet et pour atteindre le même but. Le sujet des prédications doit comprendre tous les textes propres à frapper les imaginations et à convaincre les cœurs ; ainsi la dernière fin de l'homme, les tristes suites des inimitiés et des haines, la patience et le bon usage des afflictions et de la pauvreté, la vie admirable de Notre-Seigneur, ses vertus et ses bonnes œuvres : voilà les tableaux que le missionnaire doit présenter sans cesse à l'esprit de son auditoire. Quand il fait quelque pieuse lecture, il doit principalement expliquer les mystères et les vérités du christianisme, se mettant, par le petit catéchisme, à la portée des intelligences peu éclairées, et dans le grand catéchisme, s'élevant jusqu'aux adorables mystères de la foi.

Lorsque la mission touche à sa fin, des processions solennelles, des exhortations et des actions de grâces doivent se mêler à tous les exercices de la piété. Saint Vincent impose encore l'obligation d'établir des confréries de charité, composées de femmes et de filles, pour l'assistance corporelle et spirituelle des pauvres. Le missionnaire doit aussi visiter les malades et leur rendre les derniers services de la religion et de l'humilité ; enfin, la vie d'un missionnaire doit être la vie d'un chartreux à la maison et celle d'un apôtre à la campagne ; et plus il soignera sa perfection intérieure, plus ses travaux seront fructueux pour le bien spirituel des autres.

Des prédications aussi bien réglées, un ordre aussi admirable dans les exercices de piété, devaient produire d'immenses résultats ; et puisque, suivant la maxime de l'Évangile, on reconnaît l'arbre par les fruits, on ne saurait mieux faire connaître l'excellence et l'utilité des missions qu'en rapportant les effets salutaires qu'elles ont produits et les grands biens qu'elles ont occasionnés dans toute l'Eglise. Disons d'abord quelques mots sur les résultats des missions en général qui doivent leur existence à Vincent de Paul ; nous suivrons ensuite l'histoire de chaque mission en particulier.

Qui pourrait raconter la grandeur et l'étendue des biens que ces missions ont procurés à la religion et aux bonnes mœurs ? Combien de personnes qui étaient dans une criminelle ignorance des choses de leur salut ont été comme subitement instruites des vérités chrétiennes ? Combien d'autres qui languissaient dans le péché en ont été tout à coup retirées par une heureuse contrition ? Combien de sacriléges qui se commettaient en la réception indigne des sacrements ont été réparés ? Combien de scandales et de haines déracinés et d'usures bannies ? La religion et la vertu paraissant tout à coup là où on en avait perdu jusqu'à l'idée ; les bonnes mœurs rétablies, et tout pacte avec l'impiété brisé par un retour sincère aux lois de l'Eglise ? Les voilà, ces apôtres du Seigneur, parcourant le monde pour prêcher sa parole ! Dès l'année 1635, Toul voit paraître et s'établir une congrégation de missionnaires ; Richelieu jouit de leur présence en 1638, Luçon en 1637, Troyes en 1638, Annecy en 1640, Crécy en 1641, Marseille en 1643, Cahors cette même année. Lorsque Sédan fut réuni à la France, le roi Louis XIII y fonda une mission ; elle s'établit à Montmirail en 1644, à Saintes cette même année, ainsi qu'au Mans et à Saint-Gaudens. C'est en 1652 qu'elle paraît à Montauban et à Agen, en 1658 à Metz et à Narbonne, et plus tard à Amiens et à Noyon. Ce n'est point encore tout ; le zèle des missionnaires ne se restreint point à la France et à leur patrie : Tunis voit ces successeurs des apôtres ; dès l'année 1645, ils parcourent les déserts pour porter quelques consolations aux malheureux esclaves ; d'autres bravent les flots, dans le dessein de convertir les sauvages habitants de Madagascar ; les catholiques d'Irlande reçoivent une mission en 1645 ; Gênes et presque toute la surface de l'Italie se peuplent de missionnaires. Par l'ordre de saint Vincent, ils parcourent la Pologne, pleine de juifs, et les îles Hébrides, par delà toutes les mers. Il n'est pas un coin de la terre que saint Vincent ne veuille faire explorer par le zèle ardent des missionnaires, et lorsque la mort ferma sa paupière, nouveau Xavier, il pensait à diriger ses missions vers l'Inde et à convertir les fanatiques disciples de Brama.

III

HISTOIRE DES MISSIONS DE SAINT VINCENT EN FRANCE.

Suivons maintenant en détail quelques-unes des missions que nous venons d'indiquer. Le diocèse de Paris fixa d'abord l'attention de Vincent de Paul : trois missions s'adressèrent à la campagne, les succès en furent admirables. Il y avait une étrange division entre la plupart des curés et leurs paroissiens ; quelques-uns de ces ministres des autels refusaient les sacrements à leurs ouailles, et la plupart des fidèles ne voulaient point recevoir les sacrements de la main de leurs curés. Cette triste division était ainsi un sujet de scandale pour les fidèles et de moquerie pour les hérétiques. L'archevêque demanda une mission et vint trouver Vincent de Paul pour solliciter auprès de lui l'envoi des plus saints d'entre les prêtres de la congrégation : les prédications furent suivies ; l'éloquence des ministres du Seigneur triompha des inimitiés ; tous les habitants, hommes et femmes, se rendirent avec assiduité aux prédications des missionnaires. Les restitutions furent abondantes, le scandale cessa, des vases d'or et d'argent ornèrent les autels; la ruine menaçait les églises, ils les relevèrent à leurs frais ; les discordes des familles s'apaisèrent, tous les pauvres malades furent visités et secourus; enfin, chaque habitant fit sa confession générale et prit la résolution de vivre chrétiennement.

En 1634, les missionnaires se dirigèrent vers le diocèse de Saintes. « Nous sommes, écrivait à ce sujet l'un d'eux, nous sommes à la fin de notre mission qui a duré sept semaines ; vingt hérétiques ont abjuré leurs erreurs ; plusieurs autres voulaient aussi se convertir, mais le respect humain les retenait encore. L'un de ces convertis était un vieillard, lequel on avait exhorté plusieurs fois inutilement; nous eûmes la pensée de recourir à la sainte Vierge et de la supplier d'employer ses intercessions pour obtenir la conversion de ce pauvre hérétique. Nous allâmes, à cette intention, nous prosterner devant l'autel et réciter les litanies. A peine les avions-nous achevées, que voilà notre vieillard qui revient à nous, avouant hautement qu'il reconnaît la vérité et qu'il veut abjurer son hérésie, ce que nous lui fîmes faire; et, après une confession générale, nous le reçûmes à la sainte communion ; il nous pria instamment de le recommander aux prières de tous les catholiques. » Dans la ville de Niort, ces mêmes missionnaires tombèrent dans un tel état d'épuisement, qu'ils ne purent continuer leurs exercices. L'évêque de Saintes écrivit à ce sujet une lettre touchante à saint Vincent : « J'ai fait venir, dit-il, vos missionnaires en cette ville pour s'y reposer ; car, certes, il y a six mois qu'ils travaillent avec une telle assiduité, que je m'étonne qu'ils aient pu fournir une telle carrière. J'ai passé toute la Pentecôte avec vos missionnaires ; ils travaillent avec un merveilleux zèle, mais aussi avec une grande consolation ; car Dieu bénit leurs travaux, et les conversions sont nombreuses. »

La mission qui se dirigea en 1635 vers les diocèses de Mende et de Saint-Flour, offrait d'immenses difficultés. Mende est situé dans les Cévennes ; l'hérésie s'était introduite au milieu de cette peuplade simple, et il était important que des apôtres du catholicisme y fissent entendre la voix de la vérité. On élevait alors à Rome de jeunes ecclésiastiques dans la connaissance des langues hébraïque et syriaque, afin de traduire la Bible de ces idiomes primitifs. Saint Vincent jugea que la science pourrait être mieux employée dans les disputes théologiques avec les hérétiques, et il les pria de venir l'accompagner dans sa mission aux Cévennes. « Ne vous arrêtez pas, leur disait-il, à la proposition qu'on vous a faite de travailler à une version de la Bible ; je sais bien qu'elle servirait à satisfaire la curiosité de quelques-uns, mais non pas, certes, comme je le crois, au salut des âmes du pauvre peuple, auquel la providence de Dieu a eu dessein de vous employer ; il vous doit suffire que, par la grâce de Dieu, vous ayez employé trois ou quatre ans à connaître l'hébreu, pour que vous vous hâtiez de soutenir la cause du Fils de Dieu en sa langue originaire et pour confondre ses ennemis en ce royaume. Représentez-vous qu'il y a des milliers d'hommes qui vous tendent les mains et qui vous disent : Hélas ! vous avez été choisis de Dieu pour contribuer à notre salut ! ayez donc pitié de nous, et tendez-nous la main pour nous tirer du mauvais état où nous sommes. Je suis extrêmement pressé d'aller travailler et mourir dans les Cévennes : venez donc travailler avec nous dans ces montagnes. »

Ces ecclésiastiques suivirent les salutaires avis de saint Vincent. Il existe encore une lettre curieuse de l'évêque diocésain sur cette mission. « J'ai reçu, dit-il, trente ou quarante huguenots à l'abjuration, et laissé une multitude d'autres en état de renoncer bientôt à leur erreur ; nous avons fait la mission avec toute solennité et un profit incroyable ; et comme ces biens viennent de Dieu, je ne puis employer personne qui s'en acquitte mieux que ces bons prêtres de monsieur Vincent. » A Saint-Flour, mêmes prédications, mêmes résultats, et reconnaissance infinie pour ces serviteurs de Dieu : plus de deux mille confessions générales signalèrent cette mission. « Nous étions accablés du peuple qui y abondait de sept ou huit lieues du pays, nonobstant la rigueur du froid et l'incommodité du lieu qui est un vrai désert. Ces bonnes gens apportaient leurs provisions pour trois ou quatre jours, et, se retirant dans les granges, on les entendait conférer ensemble de ce qu'ils avaient ouï à la prédication et au catéchisme ; les paysans et leurs femmes faisaient eux-mêmes la mission dans leurs familles ; au milieu des champs on entendait les bergers et les laboureurs célébrer les commandements de Dieu ; la noblesse elle-même venait entendre le langage simple mais persuasif des missionnaires, et trois gentilshommes huguenots firent une complète abjuration. »

Une mission plus délicate et plus difficile encore fut celle de Marseille et de la Provence. Les travaux des missionnaires s'adressèrent aux habitants de la campagne et aux forçats des galères. La mission des galères commença en 1643, par la permission de l'évêque de Marseille, qui était alors J.-B. Gault qui mourut en odeur de sainteté. Voici ce que ce vertueux prélat écrivait à madame la duchesse d'Aiguillon, tante de M. de Richelieu, général des galères : « Il n'y a pas bien longtemps que ces messieurs de la mission sont arrivés pour travailler dans les galères : le fruit a surpassé absolument l'attente que l'on avait conçue ; il est vrai que l'on a trouvé d'abord des esprits endurcis dans leurs péchés, et qui ne voulaient point ouïr parler des choses de Dieu, tant leur misérable condition les aigrissait ; mais peu à peu, la grâce de Dieu, par l'entremise des missionnaires, a tellement amolli leur cœur, qu'ils témoignent à présent autant de contrition qu'ils avaient auparavant fait paraître d'opiniâtreté. Vous seriez étonnée, madame, si vous saviez les noms de ceux qui ont passé trois, quatre, cinq, dix années sans se confesser, et qui n'en voulaient rien faire, tant qu'ils demeureraient dans leur captivité; mais enfin Notre-Seigneur s'est rendu le maître de ces âmes, et en a chassé Satan. Je ne vous dirai pas combien de bénédictions ces pauvres forçats nous donnent; je cherche les moyens de les maintenir dans ces bonnes dispositions, et je m'en vais de ce pas donner l'absolution à quatre hérétiques qui sont convertis dans les galères. » Il nous reste deux autres lettres des missionnaires employés à cette œuvre divine : « Le travail est grand, disent-ils; mais ce qui nous aide beaucoup à le supporter, c'est le changement notable qu'on remarque en ces pauvres forçats. Hier, je catéchisai sept Turcs de diverses galères : Dieu veuille bénir cette entreprise! Un autre Turc a été baptisé, et trente hérétiques ont fait leur abjuration. Dans l'église cathédrale, neuf Turcs se sont convertis à la foi, en présence de toute la ville de Marseille : les rues se trouvaient toutes couvertes de peuple. Aujourd'hui, deux infidèles sont encore venus me trouver, pour me dire qu'ils veulent être chrétiens. Nous continuons à leur faire le catéchisme en italien, deux fois par jour, pour les consolider et affermir tant que nous pouvons : autrement ils pourraient être tentés de revenir au mahométisme. »

Les guerres civiles du royaume avaient rendu très-importante et très-délicate la prédication évangélique dans les villes de Sedan et de Rethel ; les protestants étaient nombreux dans ces cités, et la politique ne permettait pas ces prédications hardies et tout à fait indépendantes qu'un saint zèle inspire. Cependant, en 1643, le roi permit qu'une mission fût dirigée vers la ville de Sedan. « Les hérétiques, disait un des missionnaires, continuent d'assister à ces prédications, desquelles ils se louent fort ; et pour les catholiques, il faut travailler avec eux comme on ferait des gens tout nouveaux ; car depuis quatre ou cinq ans, on n'a parlé dans cette ville que de controverses et très-peu des pratiques et des exercices de religion et de piété. Il s'en est trouvé plusieurs qui avouaient franchement qu'ils n'avaient pas cru nécessaire de confesser tous leurs péchés. Les mêmes abus se commettaient dans l'usage de la sainte communion, de manière qu'il fallait les instruire des premiers principes de la foi. Il est vrai que notre prédication a eu de bons résultats, et cela doit nous consoler des peines et soins que nous avons pris pour le salut de leurs âmes. »

La Bretagne fut évangélisée en 1657 : les missionnaires visitèrent Saint-Malo, Moron, Morlaix. Plus de dix mille personnes se confessèrent : on assistait avec une ardeur sainte à toutes les prédications. « Dans la mission de Saint-Malo, écrit un de ces pieux ouvriers de l'Evangile, il se trouvait des serviteurs et des servantes qui abandonnaient leurs gages pour assister aux instructions publiques ; des mères se soumettaient à tous les soins domestiques, afin de laisser à leurs filles le temps nécessaire pour assister aux sermons. Le jour de la Quinquagésime, il y eut une foule si grande de peuple et si extraordinaire, que l'on fut obligé de donner la communion jusqu'à sept heures du soir. Un grand nombre de cabarets se sont fermés à la suite des prédications, parce que les missionnaires avaient annoncé qu'il était bien difficile que les taverniers se sauvassent en donnant à boire par excès, comme c'est la coutume du pays ; dans les marchés que les paysans concluent, au lieu de donner quelque argent pour boire, ils le donnent à la confrérie de la charité que nous avons établie pour les malades du lieu. A Saint-Brieuc, les jours de carnaval se passèrent en exercices de piété : on fit une procession solennelle le lundi, et l'évêque porta le Saint-Sacrement, suivi d'une foule immense ; tout le peuple y assista avec dévotion et modestie. Cette procession dura plus de deux heures, sous des torrents de pluie, et personne ne quitta son rang. On donna la confirmation et la communion au milieu du cimetière, afin d'inspirer des émotions salutaires à la multitude. » La mission de Fécamp produisit aussi de grands résultats. « Votre lettre, écrit un missionnaire à saint Vincent, nous a trouvés tous occupés à notre mission, dont j'espère beaucoup de fruit. Un de nos prêtres prêche le soir admirablement; un autre enseigne le grand catéchisme à une heure après midi, et le théologal de l'évêque de Tréguier annonce la parole de Dieu le matin en bas breton; l'évêque lui-même prêche deux fois la semaine : les gens de ce pays sont fort étonnés, et j'espère qu'avec la grâce de Dieu, tout ira bien. »

Les pieux missionnaires visitèrent la Bourgogne et la Champagne, toutes pleines des horreurs de l'invasion étrangère; des conversions miraculeuses s'opérèrent dans la campagne. Il y a cela de malheureux dans les guerres civiles et le fracas des invasions, qu'avec les malheurs publics il s'introduit toujours une licence déplorable dans les mœurs domestiques : la misère, au lieu d'appeler de salutaires réflexions, amène quelquefois le désordre et l'inconduite; le séjour des soldats est marqué par je ne sais quelle licence que la guerre autorise et que la discipline ne peut assez réprimer. Les missionnaires s'efforcèrent d'arrêter ce débordement des mauvaises mœurs ; leurs prédications rappelèrent à la vertu une multitude qui se plongeait dans tous les vices ; les campagnes elles-mêmes éprouvèrent les heureux résultats des prédications, le paysan les écouta avec plus d'ardeur : on admirait l'assiduité de ces hommes qui se croyaient obligés d'assister au sermon avant d'aller labourer leurs champs ; aussi faisait-on les instructions publiques dès trois heures du matin.

« Il faut que j'avoue, disait un missionnaire, que j'ai trouvé plus de bénédictions dans les champs que dans les villes, et que j'y reconnais plus de marques d'une véritable et sincère pénitence et de la première droiture et simplicité du christianisme naissant. Ces bonnes gens ne se présentent jamais à la confession qu'en fondant en larmes ; ils s'estiment toujours les plus grands pécheurs du monde, et sollicitent même une pénitence plus grande que celle qu'on leur impose. Hier une personne qui s'était confessée à un autre missionnaire, le vint prier de lui imposer une plus grande peine que celle qu'il lui avait donnée, et de lui ordonner, par exemple, de jeûner trois jours la semaine pendant toute une année ; un autre, qu'il lui imposât pour pénitence de marcher nu-pieds sur la terre pendant le temps de la gelée. Monsieur, me dit un autre, j'ai entendu à la prédication qu'il n'y avait pas de meilleur moyen pour ne plus jurer que de se jeter aussitôt aux genoux de ceux en présence de qui on avait juré, c'est ce que je viens de faire ; car aussitôt que je me suis assuré que j'avais juré ma foi, je me suis mis à genoux et j'ai demandé miséricorde à Dieu. »

IV

MISSIONS EN ITALIE ET DANS L'ILE DE CORSE.

Le zèle n'a point de patrie ; le chrétien doit compatir aux maux et aux erreurs du genre humain, et la sollicitude du missionnaire doit veiller sur tous les lieux où il peut y avoir du bien à faire. Le pape Urbain VIII avait demandé à saint Vincent de Paul un établissement de missionnaires dans le sein même de Rome ; ils devaient s'occuper à faire des prédications dans les environs de la ville sainte, aux pâtres et bergers de la campagne. Il faut connaître cette campagne stérile et malsaine qui environne la grande capitale du monde chrétien et les mœurs sauvages des habitants, pour se faire une idée des difficultés qui s'opposaient dans ce pays à l'établissement d'une mission. Il n'y a ni bourgs ni villages ; pendant l'été ce territoire est abandonné, à cause des maladies et du mauvais air qu'on y respire ; des pâtres, encore couverts des vêtements des sauvages compagnons de Romulus, ont conservé quelque chose de ces habitudes de pillage et de dévastation qui formaient le caractère des premiers Romains ; le plus souvent, d'accord avec les brigands qui parcourent la campagne de Rome, ils leur donnent asile dans leurs chaumières, et rançonnent avec eux les familles illustres et les voyageurs qui traversent leurs champs déserts.

Malgré les difficultés d'une telle entreprise, les missionnaires de Vincent de Paul n'hésitèrent point à s'en charger ; ils se rendirent dans les cabanes de ces pâtres, et quelquefois sous les portiques en ruine où la nuit ils viennent abriter leurs troupeaux, et là, ils commencèrent à leur parler de Dieu, de sa majesté invisible, de sa miséricorde et des foudres de sa colère. Ils passaient la nuit avec ces pâtres, les catéchisaient, les rappelaient à la pénitence. Le succès fut enfin complet : on bâtit des chapelles au milieu de la campagne ; la multitude s'y rendit avec joie, se soumit à la pénitence, et à mesure que les cœurs se rapprochèrent des saintes paroles de Dieu, les mœurs farouches de ces pâtres s'adoucirent, et les habitants de Rome s'aperçurent encore une fois des immenses bienfaits du christianisme. Ces missions s'étendirent jusque dans le royaume de Naples. Voici ce qu'écrivait un missionnaire à l'occasion de ce pèlerinage évangélique : « Nous nous sommes rendus dans un bourg composé de trois mille âmes, sur le passage de Rome à Naples ; nous avons trouvé des misères et des désordres épouvantables ; la plupart des hommes et des femmes ne savaient ni le *Pater* ni le *Credo* ; on vivait en concubinage ; les femmes publiques corrompaient la jeunesse ; il n'y avait point d'humilité qui pût gagner le cœur de ces gens-là. Cependant quatre filles débauchées se sont converties, et l'impiété n'a plus causé de scandale, tant la parole de Dieu est efficace quand on la prêche avec ardeur ! » Ces missionnaires parcoururent ensuite les Apennins, et portèrent avec les vérités de la religion quelques pensées de civilisation et de sociabilité parmi cette peuplade demi-barbare. Dans le diocèse de Viterbe, les ouvriers évangéliques firent tant de merveilles, que ceux qui les voyaient pouvaient dire, comme les Egyptiens qui voyaient les miracles que Moïse faisait en présence de Pharaon : *Digitus Dei est hic.* « Nous avons remarqué une grande assiduité de peuple à nos sermons et catéchismes, écrivait encore un prêtre de ces missions ; les plus apparents du lieu, tant hommes que femmes, bravent tout respect humain, ne font point difficulté de s'humilier devant les plus pauvres, et de leur demander pardon des fautes qu'ils avaient commises à leur égard ; les cœurs s'attendrirent de telle sorte, que peu s'en fallut que plusieurs hommes ne tombassent évanouis ; et celui qui prêchait fut contraint d'interrompre par deux fois son discours et de cesser de parler pour arrêter le cours des larmes et des soupirs de ce bon peuple. La prédication étant achevée, un prêtre du pays s'avança vers le grand autel, où, s'étant prosterné, il demanda hautement pardon de la vie scandaleuse qu'il avait menée. Le peuple fut extrêmement touché par cet exemple, et se mit à crier tout haut : Miséricorde ! »

D'autres missionnaires se rendaient à cette époque dans l'île de Corse ; cette île était alors une dépendance de la république de Gênes, et ce fut à la suite d'une mission prêchée à Gênes même, que les missionnaires, sur la demande des magistrats de la république, se transportèrent sur ce territoire peu connu. On a souvent parlé de la Corse, et le caractère de ses habitants a été l'objet de la vive curiosité de tous les voyageurs. On sait qu'avec les vices communs à tous les peuples d'Italie, les Corses poussent jusqu'à l'excès l'esprit de vengeance et de haine ; il arrive souvent que des familles s'entretuent pour des griefs anciens, et des générations se lèguent comme un héritage le soin de se venger. Les habitants de cette île marchent toujours armés ; ils craignent peu la mort et la donnent sans répugnance. Quelle belle entreprise pour les missionnaires ! La première mission se fit à Campo-Loro ; à la voix des saints-prédicateurs, les inimitiés se calmèrent, le pardon pénétra jusqu'au fond des cœurs les plus endurcis ; on courut à la pénitence, et ces hommes farouches, instruits par des voix chrétiennes, se réunirent pour soulager les malades et secourir les pauvres. Une seconde mission se dirigea vers Nicolo, vallée de trois lieues de long, entourée de montagnes élevées, et au milieu de laquelle on ne peut parvenir qu'en grimpant comme la chèvre du pays, de sommet en sommet ; lorsqu'une vengeance avait été exercée, et que le meurtrier cherchait un abri contre des lois sévères ou des inimitiés personnelles, il venait dans ces montagnes écartées. Environ deux mille habitants occupaient ce vallon. On ne peut se faire une idée de la dépravation de cette peuplade ; on n'y trouvait presque aucun vestige de la foi ; quelques églises, des croix de bois étaient les seuls signes auxquels on pût reconnaître qu'ils étaient chrétiens : à peine cent personnes connaissaient-elles les commandements de Dieu ; et, comme nous le dit un pieux missionnaire, leur demander ce que c'est que la Trinité, c'est comme si on leur eût parlé arabe. Les mœurs étaient aussi dissolues que la foi était ignorante ; car il y a cette liaison intime entre la morale et le christianisme, que là où la religion s'efface, les mœurs s'altèrent et se corrompent. On se mariait entre frères et sœurs ; les filles, à peine nubiles, étaient abandonnées à d'infâmes désordres. C'est dans cet état que cette peuplade se trouvait au moment de la prédication évangélique. La voix des missionnaires retentit dans ces montagnes. Un d'eux nous a raconté l'histoire de cette mission curieuse : « J'exhortai, dit-il, le peuple à pardonner ; Dieu m'inspira alors : je prends en main le crucifix que je portais sur moi, et je leur dis : Peuple, tous ceux qui baiseront ce crucifix renonceront à leurs inimitiés ; êtes-vous prêts à vous réconcilier les uns les autres ? Tous regardaient sans mot dire personne ne venait à moi, tant les haines étaient enracinées ! Je fis semblant de me retirer ; je voilai le Christ, et je m'écriai : O Niolo ! Niolo ! tu veux donc être maudit de Dieu ! Alors, voilà qu'un curé dont le neveu avait été tué vient se prosterner et demander à baiser le crucifix ; en même temps, il s'écrie : Que son meurtrier approche, afin que je l'embrasse. Cet exemple fut suivi ; on ne voyait que larmes et que réconciliations ; tous se pardonnaient et oubliaient aux pieds de la croix leurs tristes divisions. » Ainsi le pieux missionnaire, évangélisant au nom de Jésus-Christ, civilisait les contrées qu'il parcourait, et portait des paroles de douceur et de paix dans des contrées sauvages qui n'avaient jusqu'alors respiré que la vengeance.

V

MISSION DE SAINT VINCENT DANS LA BARBARIE ET LES PAYS MUSULMANS.

Il y avait une contrée sur la terre qui, depuis de longues années, avait fixé l'attention et éveillé la sollicitude de saint Vincent. Nous avons vu que cet homme pieux avait été saisi par des corsaires et amené sur les rivages de la Barbarie. Il avait connu par sa propre expérience les souffrances auxquelles les esclaves sont soumis ; il voyait en eux, comme il l'a dit lui-même, une image véritable des misères humaines et de cet esclavage du démon pour lequel Dieu s'est engendré en son Christ. Au milieu de ses distractions charitables, il n'avait jamais oublié cette pensée. Il n'avait point encore de crédit sur le conseil de Louis XIII, que déjà il avait obtenu, en 1642, que des missions seraient dirigées vers les côtes de la Barbarie, pour l'assistance spirituelle et corporelle des pauvres captifs. Louis XIII lui donna dix mille livres destinées à ce noble emploi. Il existe dans le Levant des institutions protectrices sous le nom de consulat ; les consuls ont obtenu, par les anciennes conventions avec la Porte, des priviléges très-étendus et une juridiction indépendante de la police musulmane ; non-seulement ces magistrats protégeaient le commerce, mais ils recevaient alors l'ordre exprès du roi de secourir tous ceux qui, pour cause de religion, ou pour tout autre motif, parcouraient les contrées barbares. Saint Vincent comprit bientôt que c'était à eux qu'il fallait s'adresser, afin d'obtenir une protection quelconque pour les malheureux esclaves. Une mission reçut l'ordre de se diriger vers les Etats barbaresques, et de se placer sous la juridiction politique du consul. La peste de 1648 ravageait Tunis et les campagnes ; elle ne put arrêter les missionnaires ; ils parcoururent ces lieux sauvages : la plupart des esclaves chrétiens furent atteints de ce déplorable fléau. Cette triste situation n'empêchait pas le dévouement des missionnaires qui affrontaient la mort pour porter la parole de Dieu au milieu de ce peuple affligé. « Il m'est impossible, écrivait le chef et le directeur de cette mission, de vous dire quels sont les gémissements et les pleurs de ces pauvres esclaves, de tous les marchands et du consul-lui même, et combien de consolations nous recevons de leur part; les Turcs eux-mêmes viennent nous visiter et nous offrent leurs secours et leurs services; enfin, monsieur, je vois évidemment qu'il fait bon servir fidèlement Dieu, puisque dans la tribulation il suscite ses ennemis mêmes pour secourir et assister ses pauvres serviteurs. Nous sommes affligés de la guerre, de la peste et de la famine, et avec cela nous sommes sans argent; mais pour ce qui regarde notre courage, il est très-bon, Dieu merci; nous ne craignons non plus la peste que s'il n'y en avait point; la joie que nous avons de la santé de notre bon prieur nous a rendu forts comme les lions de nos déserts. »

Voici ce que répondait saint Vincent à de si touchantes paroles, et les exhortations qu'il donnait à chacun des missionnaires lorsqu'il se dirigeait vers ces contrées éloignées. « L'âme de votre entreprise est l'intention de la pure gloire de Dieu, l'état continuel d'humiliation intérieure et la soumission du jugement et de la volonté au prêtre de la mission qui vous sera donné pour conseil; Jésus-Christ est le souverain Seigneur; ayez toujours cette pensée dans vos prédications; je vous exhorte d'honorer d'une manière particulière ce saint mystère, afin qu'il plaise à Dieu de nous conduire et assister dans cet emploi auquel sa Providence vous a destiné.»

L'œuvre des missionnaires dans la Barbarie est infiniment difficile ; quelle que soit la protection des consuls, il faut s'exposer à mille périls, à mille outrages ; d'une part, les missionnaires doivent veiller au rachat des captifs ; ils parcourent à cet effet les campagnes brûlantes, visitent au fond du désert les habitations isolées des chefs musulmans, s'informent des malheureuses victimes que contient leur sérail et des misérables chrétiens qui, trempés de sueur, cultivent un sol stérile et une terre en feu. Lorsque le rachat était impossible, les missionnaires de saint Vincent devaient leur porter jusque dans le désert les consolations de la foi et les espérances de la liberté ; au péril de leur tête, ils rappellent aux renégats la foi antique qu'ils ont violée, et ils administrent les sacrements aux fidèles ; ils prêchent, ils instruisent, ils endurent, ils se consument pour cette Église souffrante, comme Jésus-Christ a souffert pour l'Église universelle. Mais toutes ces tribulations n'étaient rien encore comparativement aux persécutions sanglantes qui, de temps en temps, poursuivaient les esclaves chrétiens. A de courts intervalles le glaive ne frappait plus ; mais aussi une fureur barbare s'emparait des tyrans de Tunis et d'Alger, et la mission était exposée à toutes les fureurs d'un despotisme capricieux ; elle avait part alors au calice de Jésus-Christ, selon l'expression de saint Vincent lui-même. Jamais persécution ne fut plus rude que celle de 1655 ; le Dey d'Alger avait rompu toute relation avec la cour de France, dont le pavillon et les flottes ne pouvaient point encore couvrir les malheureux chrétiens du Levant ; plusieurs missionnaires furent mis à mort, les esclaves qui étaient soupçonnés de christianisme furent soumis aux plus affreux tourments ! Au milieu de la communauté de Saint-Lazare, saint Vincent raconta les tragiques aventures d'un jeune esclave chrétien ; cet esclave se nommait Pierre Bourgoin, et était né dans l'île de Malte : on avait dessein de l'envoyer à Constantinople ; jeune encore, il avait apostasié publiquement, et il fut touché dans la suite d'un si grand repentir, qu'il ne trouvait d'autre moyen de se laver de sa faute que le martyre. Il commença donc à parler ouvertement de la religion de Jésus-Christ, à l'exalter au-dessus de toute autre en même temps qu'il s'élevait contre l'impie croyance de Mahomet. Toutefois, continue saint Vincent, le pauvre garçon n'osait point encore avouer sa conversion en présence des infidèles ; il dissimulait ses opinions. Enfin, brisant toutes les craintes, il s'en va chez le pacha :

« Tu m'as séduit, lui dit-il, en me faisant renoncer à ma religion qui est la bonne et la véritable, en me faisant passer à la tienne qui est fausse ; or, je te déclare que je suis chrétien, et pour te prouver que j'abjure de bon cœur ta religion et ta croyance impies, je foule aux pieds le turban que tu m'as donné. » En disant ces mots, il jette ce turban en signe de mépris, puis il ajoute : « Je sais que tu me feras mourir, mais que m'importe quand je suis prêt à souffrir toute sorte de tourments pour Jésus-Christ, mon Sauveur ! » En effet, le pacha, dont le fanatisme s'irritait à chaque parole, le condamna aussitôt à être brûlé tout vif. Alors on le dépouille, on lui met une chaîne au cou, on charge ses épaules d'un immense poteau auquel il doit être attaché ; mais il marche fièrement au supplice, et, durant une route pénible, il ne cesse de s'écrier : Vive Jésus ! triomphe pour jamais la foi catholique ! Il n'y en a pas d'autre dans laquelle on puisse se sauver ! Lorsque ses compagnons l'interrogeaient, il répondait avec fermeté sans orgueil : « Quoique j'approche de la mort, je sens néanmoins quelque chose dans mon cœur qui me dit que Dieu me fera la grâce de souffrir le supplice qu'on me prépare ; Notre-Seigneur lui-même a appréhendé la mort, et néanmoins il a enduré volontairement de plus grandes douleurs sa force et en sa bonté. » Le malheureux fut attaché à un poteau, et, selon l'expression de saint Vincent, il rendit bientôt entre les mains de Dieu son âme pure comme l'or qui a passé par le creuset.

Il existe une lettre originale de saint Vincent de Paul, dans laquelle il explique tous les devoirs d'un missionnaire dans les contrées musulmanes. « Je
» loue Dieu, dit-il, de la bonne manière dont vous
» avez usé de votre mission ; vous ne devez nulle-
» ment vous roidir contre les abus, quand vous
» voyez que de cette roideur pourrait résulter un
» plus grand mal encore ; tirez ce que vous pour-
» rez de bien des prêtres et des religieux esclaves,
» des marchands et des captifs; employez des pa-
» roles douces, jamais la rigueur que dans l'extré-
» mité ; vous n'êtes point responsables de leur salut,
» car Dieu ne vous a envoyés dans cette terre bar-
» bare que pour consoler les âmes affligées, les en-
» courager à souffrir et les aider de notre sainte
» religion. Ne heurtez pas les esprits, condescen-
» dez, autant que vous le pourrez, à l'infirmité hu-
» maine : les esclaves ne manquent pas toujours de
» lumières ; c'est de force et d'énergie que le plus
» souvent ils sont dépourvus; je ne dis pas qu'il
» faut tolérer leurs désordres, mais il ne faut pas

» non plus, en précipitant la correction, amener la
» perte de l'œuvre de Dieu. Ne blessez jamais les
» Turcs et les renégats : vous pouvez tout perdre
» en les irritant ; c'est moins pour eux que vous
» êtes missionnaires que pour les pauvres es-
» claves que vous devez racheter ; le zèle n'est
» bon que lorsqu'il est discret, on gâte souvent les
» bonnes œuvres pour aller trop vite ; le bien que
» Dieu veut se fait presque de lui-même et sans
» qu'on y pense. Mon Dieu, monsieur, que je sou-
» haite que vous modériez votre ardeur et que vous
» pesiez mûrement les choses au poids du sanc-
» tuaire avant que de les résoudre ; soyez plutôt
» bâtissant qu'agissant : ainsi Dieu fera pour vous
» seul ce que tous les hommes ensemble ne pour-
» raient faire sans lui. »

VI

MISSION DE SAINT VINCENT A MADAGASCAR.

Depuis les vastes progrès de la navigation, la découverte de l'Amérique et du passage par le cap de Bonne-Espérance, on avait trouvé des peuplades nouvelles, avec des mœurs, des habitudes et une religion inconnues ; quel immense butin le zèle chrétien ne pouvait-il pas faire dans ces pays tout neufs pour la civilisation ? Les princes favorisèrent l'idée d'une prédication chrétienne au milieu de ces contrées éloignées, et, il faut bien le dire, dans la faveur qu'ils accordèrent à ces pèlerinages lointains, il entra pour le moins autant d'idées politiques que de pensées religieuses ; il fallait civiliser, en effet, ces peuplades sauvages, et l'on ne pouvait y réussir que par le christianisme. L'Evangile a cela d'admirable qu'il est aussi un code de morale et de sociabilité : avec le christianisme, l'homme comprend mieux ses devoirs, et il a la force de les pratiquer, parce que ces devoirs lui sont commandés par le Ciel. Ces contrées, nouvellement découvertes, étaient un vaste théâtre pour le zèle des missionnaires. Les prêtres de Saint-Lazare reçurent la tâche difficile d'évangéliser les sauvages habitants de Madagascar, alors connue sous le nom d'île de Saint-Laurent. Cette île, d'une vaste étendue, est peuplée d'idolâtres originaires de l'Afrique, comme l'indiquent leurs cheveux crépus et leur visage noir, et de Mahométans qui vinrent s'y réfugier de la Perse dans les guerres civiles qui divisèrent les sectateurs d'Ali. Le nombre des habitants de l'île s'élevait à près de quatre cent mille; avec une intelligence facile, ils étaient cependant plongés dans l'ignorance la plus complète; leurs idées religieuses étaient vagues; ils n'avaient ni prêtres ni temples : ils reconnaissaient cependant un dieu souverain dont ils limitaient la puissance à la sphère des cieux, et un mauvais principe auquel ils sacrifiaient des victimes. Au reste, les mœurs des habitants étaient douces, et un désir d'imitation les rendait propres à recevoir les enseignements de la vérité.

Par les conseils et les ordres de saint Vincent, MM. Hacquart et Gondres, prêtres de Saint-Lazare, s'embarquèrent pour l'île de Madagascar, et vinrent aborder au fort Dauphin, le seul des établissements que les Français eussent alors dans cette île. Après s'être préparés à leur saint ouvrage, par le jeûne et la prière, ils commencèrent à évangéliser dans le pays ; ils trouvèrent beaucoup plus de docilité dans les nègres idolâtres que parmi les musulmans sectaires d'Ali. « Je suis allé, dans le mois d'août dernier, sur les montagnes, écrivait M. Hacquart à saint Vincent, pour instruire tous ceux que j'y rencontrerais. Pendant le jour, je pus prêcher dans les villages ; la nuit je répétais, au clair de la lune, les mêmes instructions aux sauvages qui revenaient du travail ; je fus extrêmement consolé en voyant la docilité de ces pauvres infidèles qui témoignaient hautement croire de tout leur cœur ce que je leur enseignais, et je disais en moi-même, la larme à l'œil : *Quid prohibet eos baptizari?* Mais craignant qu'ils ne fussent pas encore bien fondés en la foi, et qu'ils ne vinssent à abuser du baptême, je remis tout à la providence de Dieu. Ceux que j'ai baptisés dans le voisinage de notre habitation, se reconnaissent assez par les noms particuliers que les insulaires leur donnent. Il serait fastidieux de vouloir particulariser toutes les courses que j'ai faites, les noms des gens et des lieux auxquels j'ai annoncé Notre-Seigneur Jésus-Christ, et toutes les choses qui se sont passées dans mes voyages. Je vous puis dire qu'on ne peut désirer plus de dispositions pour recevoir l'Évangile. Tous ceux que je voyais se plaignaient de ce que les Français, depuis qu'ils trafiquaient dans ce pays, ne leur eussent pas dit un mot des vérités de la foi ; ils portent une sainte envie à ceux qui avoisinent notre habitation. Je rapporterai seulement ce qui se passa au mois de novembre, en une visite que je fis dans un village éloigné d'ici, où j'avais porté une grande image du jugement dernier, au haut de laquelle était représenté le paradis, et au bas l'enfer. A mon arrivée, je leur criais que j'étais venu afin que leurs yeux vissent et que leurs oreilles entendissent les choses de leur salut ; et, après leur avoir expliqué ce qu'il fallait croire et faire pour cette fin, je leur découvris l'image et leur fis voir les demeures de l'éternité, et les pressai de choisir le haut ou le bas, le paradis ou l'enfer. Ces pauvres gens criaient qu'ils ne voulaient pas aller avec le diable, et que c'était avec Dieu qu'ils voulaient demeurer ; ils se plaignaient que les lettrés de leur secte ne leur parlaient point de Dieu et ne les visitaient que par intérêt et pour les tromper, tandis que moi, j'allais les voir et les instruire gratuitement. »

La mission de Madagascar produisit des fruits

immenses sous l'administration pieuse de M. Bourdaise, que saint Vincent de Paul envoya après la mort de M. Gondres. Je ne puis résister au plaisir de citer encore une de ces lettres, dans laquelle les ouvriers évangéliques racontent leurs travaux et leurs glorieux succès; elle est adressée à saint Vincent, de Madagascar même : « La plupart de ces insulaires, dit M. Bourdaise, ne demandent pas mieux que d'être baptisés, mais je veux qu'ils sachent prier Dieu auparavant; c'est pendant ce temps-là que je les éprouve et que j'apprends leurs véritables intentions. Beaucoup d'entre eux m'ont dit qu'une des choses qui les retenait de se faire baptiser, c'est qu'ils ont peur que les Français ne restent pas longtemps dans l'île, et que les mahométans ne les fassent massacrer. Je ne cesse d'être accablé de monde qui vient à toute heure pour s'instruire; j'ai été contraint de les faire prier Dieu tous ensemble, tout haut, dans l'église, à quoi ils se rangent fort exactement. J'ai baptisé ces jours-ci cinq familles nègres, c'est-à-dire l'homme, la femme et les enfants; j'ai fait douze mariages entre des Français et des femmes du pays, lesquelles ont été les premières qui sont venues prier Dieu. Nous avons eu toutes les peines du monde à faire sortir les femmes publiques. Quatre nègres qui avaient été baptisés et mariés par M. Hacquart, et éloignés de leurs femmes pendant les guerres, se sont réunis à elles sur les conseils et les commandements de nos missionnaires ; enfin, nous cherchons à rétablir les mœurs en fondant la loi de Dieu; et à civiliser les peuples en leur enseignant notre sainte foi.

VII

RÉFLEXIONS GÉNÉRALES SUR LES MISSIONS.

Nous sommes entrés dans ces détails sur les missions, parce qu'à l'époque où nous vivons, il est essentiel de mettre souvent sous les yeux d'une génération qu'on égare, les bienfaits d'une prédication évangélique dans les deux mondes; c'est par une suite de faits et de preuves non interrompue qu'il faut combattre les adversaires des bonnes doctrines et prouver, avec Montesquieu, que : *Quand on s'éloigne du christianisme, on s'éloigne de la civilisation même.* On s'élève contre les travaux des missionnaires ; mais y réfléchissent-ils bien, ceux-là qui combattent les prédicateurs de l'Évangile ? ont-ils bien apprécié la nature de ce sublime dévouement qui pousse incessamment quelques ministres du Seigneur au saint ministère de la prédication, au milieu des oppositions et des résistances ?

Qu'un homme, à la vue de tout un peuple, sous les yeux de ses parents et de ses amis, s'expose à la mort pour sa patrie, qu'il échange quelques jours de vie contre un siècle de gloire, il illustre sa famille et l'élève aux richesses et aux honneurs ; mais le missionnaire, dont la vie se consume sans applaudissements, sans avantage pour les siens, qui vit obscur, souvent traité de fanatique, dédaigné par les superbes, et tout cela dans l'unique espoir de nous conduire à un bonheur éternel, de quel nom faut-il apprécier ce sacrifice ?

L'enthousiasme divin qui anime les missionnaires, commande le respect et l'admiration. Pourrait-on ne pas éprouver ces sentiments lorsqu'on voit ces vénérables apôtres de l'Evangile, renonçant en quelque sorte à leurs amis, à leurs parents, à leurs affections, s'exposer aux privations les plus rudes pour annoncer la morale du ciel ? Il n'y a que la religion chrétienne qui puisse déterminer cette impulsion surhumaine. Est-il un esprit droit, un homme raisonnable, et dont le suffrage ait quelque prix, qui puisse outrager les missionnaires?

Les succès des missionnaires humilient et révoltent les prétendus sages du siècle. Il est dur, en effet, d'avoir pendant de longues années bouleversé la France pour déraciner la religion, et d'avoir perdu sa peine et son temps; il est dur pour les habiles, qui se disent les régénérateurs de l'ordre social, de n'avoir pu établir ni un gouvernement, ni une institution, ni un ordre quelconque qui se soit prolongé au delà de quelques jours. Il est dur de voir d'*ignorants* missionnaires échappés au martyre, pauvres, nus, insultés, calomniés, charmer, attirer le peuple avec un crucifix de bois et quelques mots de l'Evangile, mots aussi simples que l'Homme-Dieu qui les fit entendre à la terre. Ce démenti que reçoit l'orgueil des sectaires est-il tolérable? Comment souffrir des prêtres qui rétablissent les droits de la conscience et qui prêchent la soumission à l'autorité, qui rassemblent le peuple, non pour le rendre factieux, mais paisible et soumis? On les poursuit, ces prêtres, en les accusant de vouloir persécuter, et depuis dix-huit cents ans, toutes les fois qu'on a entendu le signal des persécutions parmi les hommes, la persécution a-t-elle épargné les prêtres? leur mission semble avoir besoin, pour s'accomplir, de deux scènes bien différentes, la chaire où ils combattent l'impiété, et l'échafaud où l'impiété les fait monter; là encore ils chantent Dieu, afin que leur mort instruise aussi bien que leur vie.

Chose étrange! on répète sans cesse que le peuple, en s'éclairant, est devenu plein de tolérance, et dès qu'un prêtre ouvre la bouche, on veut la lui fermer; d'autres disent que le catholicisme s'éteint en France, et dès qu'un prêtre veut prêcher cette religion sainte, on s'écrie : A quoi bon dans un pays tout catholique? Au reste, peu importe à laquelle de ces deux assertions on s'arrête. S'il n'y a plus de christianisme, a dit un grand écrivain, il faut des missions pour le renouveler; car, jusqu'ici on n'a pas, que je sache, donné d'autre religion à la société, ni trouvé le moyen de fonder une société sans religion. Si le peuple est chrétien, il faut des missions pour empêcher qu'il cesse de l'être, pour l'affermir dans sa piété, pour instruire les esprits sans lumière, pour soutenir les faibles, remuer les âmes engourdies, réformer les mœurs qui, par leur pente naturelle, tendent toujours au relâchement; il faut des missions parce qu'il faut un Dieu, un culte, un ordre moral et des vertus.

On parle des passions, on feint d'appréhender que les missions ne les agitent. Eh! c'est parce qu'il y a des passions, qu'il faut une religion pour les calmer, et c'est parce qu'elle les calme en effet qu'on l'accuse de les aigrir. Ne va-t-on pas jusqu'à poursuivre les missionnaires au nom des consciences troublées! A Dieu ne plaise que nous voulions diminuer cet intérêt que les philosophes accordent aux hommes dont la conscience se trouble à la voix de Dieu; mais pourquoi ces hommes viennent-ils l'écouter? Qui les contraint, qui les amène aux pieds de la chaire? Qu'ils la fuient, elle sera sauvée au moins de leurs blasphèmes.

Ce déchaînement contre les missionnaires a cela d'étrange, que les missionnaires ne font rien de nouveau parmi nous; leurs travaux apostoliques, loin d'être une innovation, ont vieilli avec le monde social qu'ils ont fait naître; ils continuent la mission commencée par celui qui, en Galilée, pour changer la face du monde, n'eut qu'à parler.

VIII

CONFRÉRIES DE CHARITÉ POUR LES PAUVRES MALADES.

Nous considérons comme la seconde institution fondée par saint Vincent de Paul l'établissement des confréries de charité pour les pauvres des paroisses. Nous avons dit déjà quels étaient l'objet et le but admirables de ces confréries bienfaisantes ; nous entrerons maintenant dans quelques détails que nous avons dû omettre dans la rapidité d'une simple biographie.

C'est dans l'année 1617, à Châtillon en Bresse, que saint Vincent posa les premiers fondements de la plus chère de ses institutions, comme il la nommait lui-même. Il nous a raconté, dans ses ouvrages, qu'il n'en avait pas eu jusqu'alors la moindre pensée, et que ce fut l'aspect des besoins des pauvres de cette contrée qui lui inspira cette généreuse résolution. Nous avons trouvé l'original même du réglement primitif qu'il donna à cette société; il peut être un monument curieux dans l'histoire de la charité chrétienne.

RÉGLEMENT DE LA CONFRÉRIE DE LA CHARITÉ.

« La confrérie de la charité est instituée pour honorer Notre-Seigneur Jésus-Christ et sa sainte Mère, et pour assister les pauvres malades des lieux où elle est établie, corporellement et spirituellement : corporellement, en leur administrant leur boire et leur manger, et les médicaments nécessaires durant le temps de leurs maladies ; et spirituellement, en leur faisant administrer les sacrements de Pénitence, d'Eucharistie et d'Extrême-Onction, afin que ceux qui mourront partent de ce monde en bon état, et que ceux qui guériront fassent résolution de bien vivre à l'avenir.

» La confrérie sera composée d'un nombre certain et limité de femmes et de filles, celles-ci du consentement de leurs père et mère, et celles-là de leurs maris; lesquelles en éliront trois d'entre elles, en présence de M. le curé, à la pluralité des voix, de de deux ans en deux ans, le lendemain de la Pentecôte : la première s'appellera supérieure ou directrice; la seconde, trésorière ou première assistante, et la troisième, garde-meuble ou troisième assistante. Ces trois officiers auront l'entière direction de ladite confrérie; de l'aveu de M. le curé, elles éliront aussi un homme de la paroisse, pieux et charitable, qui sera leur procureur.

» La supérieure prendra garde à ce que le présent réglement s'observe, que toutes les personnes de la confrérie fassent bien leur devoir; elle recevra les pauvres de ladite paroisse qui se présenteront et les congédiera, de l'avis des autres officiers.

» La trésorière servira de conseil à la supérieure; elle gardera l'argent de la confrérie dans un coffre à deux serrures différentes; la supérieure en aura une clef, l'autre demeurera dans les mains de la trésorière; celle-ci pourra disposer d'un écu pour fournir au courant de la dépense, et rendra compte à la fin de ses deux années, aux officiers qui seront nouvellement élus, en présence de M. le curé et des habitants de la paroisse qui désireront s'y trouver.

» La garde-meuble servira aussi de conseil à la supérieure; elle blanchira, raccommodera le linge de la confrérie, en fournira aux pauvres malades quand il sera besoin, d'après l'ordre de la supérieure; elle aura soin de le retirer et d'en rendre compte à la fin de ses deux années, comme la trésorière.

» Les sœurs de la confrérie serviront, chacune leur jour, les pauvres malades qui auront été reçus par la supérieure ; elles leur porteront chez eux leur boire et leur manger apprêté, quêteront tour à tour à l'église et par les maisons, les dimanches et fêtes principales et solennelles, donneront la quête à la trésorière et diront au procureur ce qu'elles auront quêté ; elles feront dire une messe à l'autel de la confrérie tous les premiers ou troisièmes dimanches du mois, et ce même jour elles se confesseront et communieront si la commodité le leur permet, et assisteront aussi ce jour-là à la procession, qui se fera entre vêpres et complies, où se chanteront les litanies de Notre-Seigneur ou celles de la sainte Vierge ; elles en feront de même tous les ans, le 14 janvier. Elles s'entre-chériront comme personnes que Notre-Seigneur a unies et liées pour son amour, s'entre-visiteront et se consoleront en leurs afflictions et maladies, assisteront en corps à l'enterrement de celles qui décéderont, communieront à leur intention, feront chanter une haute messe pour chacune d'elles. Elles feront de même pour M. le curé et pour leur procureur quand ils mourront ; elles se trouveront pareillement en corps à l'enterrement des premiers malades qu'elles auront assistés, feront dire une messe basse pour le repos de leur âme.

» Il sera donné à chaque malade, pour chaque repas, autant de pain qu'il en pourra suffisamment manger, cinq onces de veau ou de mouton, un potage, du vin, etc. Les jours maigres on leur donnera, outre le pain, le vin et le potage, un couple d'œufs ou un peu de beurre, et pour ceux qui ne pourront user de viandes solides il leur sera donné des bouillons et des œufs frais quatre fois le jour, et une garde à ceux qui seront à l'extrémité et qui n'auront personne pour les veiller. »

Ce réglement était fait de manière à laisser une vaste latitude à la charité des femmes vertueuses qui entraient volontairement sous les douces lois d'une noble bienfaisance; aussi leur surveillance charitable ne s'étendit pas seulement aux pauvres de l'Hôtel-Dieu de Paris, mais elle s'empara de toutes les misères. Le zèle de Vincent de Paul semblait animer d'une sainte ardeur cette grande association. Nous avons vu que les dames de la charité prirent sous leur protection spéciale les enfants-trouvés, la maison de la Providence, instituée pour occuper et instruire les pauvres filles. Elles voulurent aussi seconder les missions étrangères, comme si elles n'avaient voulu rien omettre dans leur sollicitude. Il nous tarde de présenter Vincent de Paul au milieu de ces assemblées de charité et de tracer ici le tableau d'une de ces réunions, présidée par le pieux missionnaire et dans laquelle on s'occupait du soin des pauvres ; qu'il nous suffise de mettre sous les yeux du lecteur le récit du procès-verbal d'une de ces séances :

« C'était le 11 juillet, les dames de la charité, convoquées, avaient tout quitté pour assister à une de ces réunions ; saint Vincent entra : il était vêtu d'une robe noire et salua l'assemblée. Après avoir invoqué le Saint-Esprit par l'antienne *Veni, sancte Spiritus,* à genoux, et chacune des dames ayant pris sa place, il leur parla de la manière qui suit :

« Mesdames, le sujet de cette assemblée regarde trois fins : la première est pour procéder à l'élection de trois nouveaux officiers, s'il est à propos ; la deuxième, pour donner connaissance à la compagnie des œuvres que Dieu lui a fait la grâce d'entreprendre ; et la troisième pour considérer les raisons que vous avez, mesdames, de vous donner à sa divine bonté, afin qu'il lui plaise de vous faire la grâce de soutenir et de continuer ces œuvres commencées.

» Pour l'élection, on en parlera vendredi à l'assemblée ordinaire ; quant à l'état des affaires, nous commencerons, s'il vous plaît, par l'Hôtel-Dieu qui a donné sujet à la naissance de la compagnie ; c'est le fondement sur lequel il a plu à Dieu d'établir les autres œuvres qu'elle a entreprises, et c'est la source des autres biens qu'elle a faits. » Après avoir prononcé ces paroles d'une voix émue, l'homme de Dieu prit en main l'état de la recette et de la mise dont il fit la lecture tout haut, et il se trouva que la dépense en secours portés aux pauvres malades tous les jours, depuis un an environ que s'était faite la dernière assemblée générale, se montait à cinq mille livres et la recette à trois mille cinq cents, de sorte qu'il se trouva plus de dépenses que de recettes quinze cents livres ; et reprenant son discours : « Cela, leur dit-il, a pu provenir de ce qu'il a décédé nombre de dames qui étaient à l'assemblée et qu'il ne s'en réunit pas d'autres. C'est pourquoi, mesdames, vous avez été assemblées pour voir les moyens de faire subsister cette bonne œuvre, laquelle a été commencée et continuée depuis tant d'années, par des moyens imperceptibles à d'autres qu'à Dieu, et avec tant de bénédictions de sa part qu'il y a grand sujet de le remercier. Oh ! mesdames, que vous devez bien rendre grâces à Dieu de l'action qu'il vous fait faire, car l'assistance des corps des pauvres malades a produit cet effet de nous faire penser à leur salut en un temps si opportun, que la plupart n'en ont jamais d'autres pour se préparer à la mort, et ceux qui relèvent de maladie ne pensaient guère à changer de vie sans les bonnes dispositions où l'on tâche de les mettre.

» Il y a ensuite la dépense des frontières de Champagne et de Picardie : l'on a envoyé distribuer aux pauvres trois cent quarante-huit mille livres, et depuis la dernière assemblée générale jusqu'à aujourd'hui, dix-neuf mille cinq cents livres, ce qui est peu de chose comparativement aux années précédentes. Ces sommes, dit-il en continuant son discours, ont été employées pour nourrir les pauvres malades, pour retirer et entretenir environ huit cents enfants, orphelins de villages ruinés, tant garçons que filles, que l'on a mis au métier ou en service après avoir été instruits et habillés ; pour entretenir nombre de curés dans leurs paroisses ruinées, et enfin pour raccommoder un peu l'église qui était dans un pitoyable état, ce qu'on ne peut dire sans frémir. Les lieux où l'argent a été distribué sont les villes et les environs de Reims, Réthel, Laon, Saint-Quentin, Ham, Sedan, Arras.

» Béni soit Dieu, mesdames, qui vous a fait la grâce de couvrir Notre-Seigneur en ses pauvres membres, dont la plupart n'avaient que des haillons et plusieurs enfants qui étaient nus comme la main; la nudité des filles et des femmes était même si grande qu'un homme qui avait tant soit peu de pudeur, n'osait les regarder, et tous étaient pour mourir dans la rigueur des hivers. Oh! combien vous êtes obligées à Dieu de vous avoir donné l'inspiration et le moyen de pourvoir à ces grands besoins! A combien de malades n'avez-vous pas aussi sauvé la vie? car ils étaient abandonnés de tout le monde, couchés sur la terre, exposés aux rigueurs de l'air et réduits à la dernière extrémité par les gens de guerre et par la cherté du blé. A la vérité, il y a quelques années que leur misère était plus grande qu'elle n'est à cette heure, et alors on envoyait jusqu'à seize mille livres par mois; on s'animait à la vue du danger où étaient les pauvres de Paris, s'ils n'étaient promptement secourus, et on s'échauffait les uns les autres en charité pour les assister; mais depuis un an ou deux le temps étant un peu meilleur, les aumônes ont beaucoup diminué; il y a néanmoins encore plus de quatre-vingts églises en ruines, et les pauvres gens sont obligés d'aller chercher une messe bien loin.

» O mesdames, le récit de ces choses ne vous attendrit-il pas le cœur? N'êtes-vous pas **touchées** de reconnaissance envers la bonté de Dieu sur vous et sur ces pauvres affligés ? Sa providence s'est adressée à quelques dames de Paris pour assister deux provinces désolées, cela ne vous paraît-il pas singulier et nouveau ? L'histoire ne dit pas que semblable chose soit arrivée aux dames d'Espagne, d'Italie ou de quelqu'autre pays ; cela était réservé à vous autres, mesdames, qui êtes ici, et à quelques autres qui sont devant Dieu, où elles ont trouvé une digne récompense d'une si parfaite charité. Il en est mort depuis un an huit de votre compagnie ; quelles réflexions n'auraient-elles pas faites sur la brièveté de cette vie et sur l'importance de la bien passer ! Combien auraient-elles estimé la pratique des bonnes œuvres ! et quelles résolutions pour s'adonner plus que jamais à l'amour de Dieu et du prochain avec plus de ferveur ! Elles jouissent maintenant de la gloire comme il y a sujet d'espérer ; elles éprouvent combien il est bon de servir Dieu et d'assister les pauvres ; et au jugement elles entendront ces agréables paroles du Fils de Dieu : Venez, les bien-aimées de mon Père, posséder le royaume qui vous a été préparé, parce qu'ayant eu faim, vous m'avez donné à manger ; ayant été nu, vous m'avez habillé ; étant malade, vous m'avez visité et secouru.

» Venons aux enfants-trouvés dont votre compagnie a pris soin. Il se voit par le compte de madame de Barcelonne, qui en est la trésorière, que la recette, pour la dernière année, monte à seize mille deux cent quarante-huit livres, et la dépense à dix-sept mille deux cent vingt-une livres; et, après avoir examiné le nombre des enfants, tant de ceux qui sont encore en nourrice des champs et de la ville que des petits qui sont sevrés, et des grands qui sont en métier ou au service, ou qui restent à l'hôpital, il s'en est trouvé trois cent cinq. On a remarqué que le nombre de ceux qu'on expose est quasi toujours égal et qu'il s'en trouve environ autant que de jours dans l'an.

» Voyez, s'il vous plaît, quel ordre dans ce désordre et quel grand bien vous faites, mesdames, de prendre soin de ces petites créatures abandonnées de leurs mères et de les faire élever, instruire et mettre en état de gagner leur vie et de se sauver. Comme l'entreprise était grande, vous y vouliez penser et enfin vous y avez donné les mains, croyant que Dieu l'aurait très-agréable, ainsi qu'il l'a fait voir depuis; jusque là, nul n'aurait ouï dire depuis cinquante ans qu'un seul enfant trouvé ait vécu; tous périssaient d'une façon ou d'une autre. C'était à vous, mesdames, que Dieu avait réservé la grâce d'en faire vivre quantité et de les faire bien vivre. En apprenant à parler, ils apprennent à prier Dieu, et peu à peu on les occupe, selon l'usage et la capacité de chacun. On veille sur eux pour les bien régler en leurs petites façons et corriger de bonne heure en leurs mauvaises inclinations ; ils sont heureux d'être tombés en vos mains et seraient misérables en celles de leurs parents qui, pour l'ordinaire, sont gens pauvres ou vicieux ; il n'y a qu'à voir l'emploi de leur journée pour bien connaître les fruits de cette bonne œuvre, qui est de telle importance, que vous avez tous les sujets du monde, mesdames, de remercier Dieu de vous l'avoir confiée. »

Après avoir rapporté toutes ces grandes œuvres, dues aux inspirations de Dieu seul, saint Vincent de Paul finit ainsi son éloquente péroraison. « Courage, mesdames, bénissez la bonté infinie de Dieu ; donnez-vous à lui pour continuer, mais ne présumez pas de pouvoir faire davantage. Voilà l'instruction des pauvres de l'Hôtel-Dieu, la nourriture et l'éducation des enfants trouvés, le soin de pourvoir aux nécessités corporelles et spirituelles des criminels condamnés aux galères, l'assistance des frontières et des provinces ruinées, la contribution des missions d'Orient, du Septentrion et du Midi, ce sont là les emplois de votre compagnie. Quoi! des dames faire tout cela! Oui, voilà ce que depuis vingt ans Dieu nous a fait la grâce d'entreprendre et de soutenir; ne faisons donc rien davantage sans le considérer exactement; mais faisons bien ce que nous avons entrepris, car c'est ce que Dieu demande de nous. »

Après avoir ainsi exposé l'état de la société, saint Vincent de Paul se tourna vers les dames de la charité pour les solliciter de prendre les moyens de pourvoir aux nouveaux besoins. Sur l'avis de madame de Nemours, on résolut, d'un commun accord : 1° de porter les dames qui meurent à faire des legs pieux pour secourir les pauvres dont la compagnie prend le soin ; 2° à se rendre bien exactement aux jours et heures de service marqués ; 3° à se cotiser pour pourvoir au surcroît de dépense et acquitter ponctuellement les dettes de l'association. Cette délibération prise, on pria à haute voix; Jésus-Christ fut invoqué au secours de ses pauvres, et saint Vincent ne quitta cette pieuse et noble réunion que pour visiter les hôpitaux des malades et les enfants trouvés.

Nous avons rapporté le récit en entier, parce que rien ne peut mieux faire connaître l'objet et les bienfaisants résultats des associations chrétiennes que Vincent de Paul fonda dans cette capitale. Dirai-je maintenant ce qu'elles sont devenues dans la suite des âges? S'accroissant sans cesse sous la protection paternelle de nos princes et le concours de femmes vertueuses, elles ont été un moment emportées par les tempêtes publiques; et, comme si Dieu avait voulu constater encore une fois qu'elles étaient fondées sur la religion, elles tombèrent lorsque les autels furent renversés et que la croix disparut du faîte de nos temples. Que produisirent les stériles déclamations de la philosophie? Quels furent les ouvrages de cette philanthropie qui, dans ses superbes dédains, se détacha de la religion et de la foi? Que l'histoire nous réponde. La Révolution a prouvé que le malheur ne trouva jamais de secours et de consolations que dans le christianisme, l'Eglise et la charité sont deux compagnes inséparables, et quand l'une est persécutée, l'autre périt dans les mains indignes qui veulent en usurper les nobles devoirs; aussi, les associations de charité n'ont-elles reparu dans notre France qu'avec la foi chrétienne; elles n'existent réellement que depuis que les églises ont été ouvertes à la prière. La religion seule inspire et multiplie les dons de la bienfaisance; la philanthropie sans croyance ne produisit jamais rien; ses œuvres ressemblent à un corps privé d'âme; elles sont vides comme ses pensées sur l'univers, comme ses affections, comme sa destinée; l'athée se trompe dans les secours qu'il donne, dans les consolations qu'il prodigue; peut-il servir l'homme, celui qui connaît si mal les besoins du cœur humain ?

IX

INSTITUTION DES FILLES SERVANTES DES PAUVRES MALADES.

A côté de ces associations de charité prises dans les hautes classes de la société, nous avons vu que Vincent de Paul établit la sainte institution des filles servantes des pauvres malades. Elle avait pour objet de seconder par des services continus la charité nécessairement un peu distraite de femmes vertueuses qui, en se consacrant au service des pauvres, ne pouvaient cependant abandonner le soin de leurs familles. Cette institution fut approuvée par l'Archevêque de Paris, qui en plaça la direction suprême dans les mains de saint Vincent, « et d'autant, dit le prélat dans son mandement, que Dieu a béni le travail que notre bien-aimé Vincent de Paul a pris pour faire réussir ce pieux dessein, nous lui avons confié, et comme par ces présentes, confions et commettons la conduite et la direction de la susdite société et communauté. »

Une fois chargé du noble fardeau d'une telle direction, Vincent de Paul en apprécia toutes les obligations, en comprit tous les devoirs : le troupeau des saintes filles commises à sa garde était animé du plus beau dévouement ; mais le zèle le plus vif a besoin d'être dirigé dans ses œuvres. Dans le réglement primitif qu'il donne à cette communauté, le serviteur de Dieu leur recommande l'obéissance à leurs supérieurs et à messieurs les curés ; l'indifférence pour les lieux, les emplois et les personnes ; la pauvreté, les habitudes de la souffrance, la patience pour supporter de beaucoup les incommodités, contradictions, moqueries, calomnies et autres mortifications qui peuvent leur arriver, même pour avoir bien fait.

Ces règles générales ne lui paraissaient point encore suffisantes pour diriger une communauté entière ; il lui fallait, pour ainsi dire, assigner à chacune de ces saintes filles un office particulier. Six réglements différents furent faits : le premier, pour les sœurs qui assistent les malades des paroisses ; le deuxième, pour celles qui tiennent les écoles ; le troisième, pour les filles qui ont soin des enfants trouvés ; le quatrième, pour le service de l'Hôtel-Dieu de Paris; le cinquième, pour les sœurs qui sont à l'hôpital des galériens, et le sixième, pour celles qui servent les malades dans les autres hôpitaux du royaume. Ces réglements leur indiquent les offices qu'elles doivent remplir dans tous ces services différents, les occasions qu'elles doivent éviter ; enfin la pieuse sollicitude de leur pasteur s'étend jusqu'à ce qu'elles doivent *faire et dire pour bien mourir, panser et consoler les pauvres grands et petits, sains et malades*. L'histoire contemporaine a remarqué que les réglements qui sortaient des mains de saint Vincent étaient des chefs-d'œuvre de perfection, et toujours l'expression d'une longue expérience ; ils pouvaient servir, selon la pensée d'un saint prélat, de manuel à la sainte humanité du chrétien. La pièce qu'on va lire est curieuse en ce qu'elle précise en peu d'articles tous les devoirs des filles de la charité.

« Les bonnes sœurs considéreront, dit-il, qu'encore qu'elles ne soient pas dans un monastère, cet état n'étant pas convenable aux emplois de leur vocation, néanmoins parce qu'elles sont beaucoup plus exposées que les religieuses cloîtrées et grillées, n'ayant pour monastère que les maisons des malades; pour cellules, quelques pauvres chambres et bien souvent des bocages; pour chapelle, l'église paroissiale; pour cloître, les rues de la ville; pour clôture, l'obéissance; pour grille, la crainte de Dieu, et pour voile la sainte modestie. Pour toutes ces considérations, elles doivent avoir autant et plus de vertus que si elles étaient professes dans un ordre religieux. C'est pourquoi elles tâcheront de se comporter en tous lieux avec autant de retenue et d'édification que les vraies religieuses dans leur monastère; et pour obtenir de Dieu cette grâce, elles doivent s'étudier à l'acquisition de toutes les vertus qui leur sont recommandées par les règles et particulièrement d'une profonde humilité, d'une parfaite obéissance et d'un grand détachement des créatures, et surtout elles useront de toutes les précautions possibles pour conserver la chasteté du corps et du cœur. Elles penseront souvent à la fin principale pour laquelle Dieu a voulu qu'elles fussent employées en la paroisse où elles se trouveront, qui est de servir les pauvres malades, non-seulement corporellement, mais encore spirituellement en veillant à ce qu'ils reçoivent de bonne heure les sacrements; en sorte que tous ceux qui tendront à la mort, partent de ce monde en bon état, et que ceux qui guériront prennent la résolution de bien vivre à l'avenir : et pour mieux leur procurer ce secours spirituel elles y contribueront autant que leur petit pouvoir et le peu de temps qu'elles ont pour cela le leur permettront, et selon que la quantité et la qualité des malades le requerront. Or, le secours qu'elles tâcheront de leur donner sera particulièrement de les consoler, encourager et instruire des choses nécessaires pour leur salut, leur faire répéter des actes de foi, d'espérance et de charité envers Dieu et envers le prochain, et de contrition ; les exhorter à pardonner à leurs ennemis, et à demander pardon à ceux qu'ils ont offensés ; à se résigner au bon plaisir de Dieu, soit pour souffrir, soit pour guérir, soit pour mourir, soit pour vivre et autres semblables actes, non tous à la fois, mais un peu chaque jour, et le plus succinctement qu'il leur sera possible de peur de les ennuyer. »

Dans des instructions particulières qui expriment toujours une grande sollicitude pour les utiles travaux de ces saintes filles, voici comment s'exprime saint Vincent de Paul : « Une fille de la charité a besoin de plus de vertus que les religieuses les plus austères ; il n'y a point, en effet, de religieuses qui ait tant d'emploi qu'elles en ont, car elles travaillent d'abord à leur propre perfection comme les Carmélites et autres communautés semblables; elles s'occupent du soin des malades comme les religieuses de l'Hôtel-Dieu de Paris, et de l'instruction des pauvres comme les Ursulines. » Une lettre, qui nous reste de saint Vincent, nous fait encore connaître les devoir des saintes filles de la charité : « Je prie Notre-Seigneur, dit-il, qu'il donne sa sainte bénédiction à nos très-chères sœurs et qu'il leur fasse part de l'esprit qu'il a donné aux saintes dames qui coopèrent à l'assistance des pauvres malades et à l'instruction des enfants. O bon Dieu! quel bonheur pour ces bonnes filles d'aller continuer aux lieux où elles sont envoyées la charité de Notre-Seigneur exercée sur la terre! et que les louanges qu'elles auront en l'autre vie seront admirables! Avec quelle sainte confiance paraîtront-elles au jour du jugement, après tant de saintes œuvres de charité qu'elles auront exercées? Certainement, il me semble que les couronnes et les empires de la terre ne sont que de la boue, en comparaison du mérite et de la gloire dont il y a sujet d'espérer qu'elles seront un jour couronnées... Il faut qu'elles se comportent dans l'esprit de la sainte Vierge, en leurs voyages et en leurs emplois; qu'elles la voient des yeux de l'esprit et qu'elles fassent toutes choses; ainsi qu'elles se représenteront dans la pensée que pourrait faire cette très-sainte dame ; il faut qu'elles considèrent surtout sa charité et son humilité ; qu'elles soient bien humbles à l'égard de Dieu, cordiales entre elles, bienfaisantes à tous et portent l'édification en tous lieux ; qu'elles fassent leurs petits exercices de piété tous les matins, qu'elles disent leur chapelet et portent avec elles quelques livres de piété pour les lire en chemin ; qu'elles contribuent aux entretiens qui se feront de Dieu et nullement à ceux du monde, et moins encore à ceux qui seront trop libres ; enfin, qu'elles soient des rochers contre les familiarités que les hommes voudraient prendre avec elles. »

Elle est comme un échange de bonnes pensées, cette correspondance entre le saint pasteur et les filles de la charité ! J'éprouve je ne sais quelle émotion lorsque je jette les yeux sur la lettre suivante, ouvrage d'une de ces bonnes sœurs et qui l'écrit au milieu des périls et des occupations d'un hôpital. « Monsieur, nous sommes accablées de travail et nous nous en réjouissons ; je suis contrainte de vous tracer ce peu de lignes la nuit en veillant nos malades, n'ayant aucun relâche le jour ; en vous écrivant, il faut que j'exhorte deux hommes mourants ; je vais tantôt à l'un lui dire : Mon ami, élevez votre cœur à Dieu, demandez-lui miséricorde. Cela fait, je trace deux lignes, et puis je cours à l'autre lui crier : Jésus, Maria, mon Dieu, j'espère en vous ; et puis je retourne encore à ma lettre ; aussi suis-je toute troublée. »

Saint Vincent connaissait bien ces belle âmes ; il avait plutôt besoin d'arrêter leur zèle, que de le stimuler dans ses entreprises. Le siége de Dunkerque avait amené à Calais une multitude de blessés ; les bonnes sœurs demandèrent à marcher vers les armées, pour se consacrer au service de ces hôpitaux sous la tente. Dans toutes ses exhortations, au milieu de la communauté de Saint-Lazare, Vincent n'oubliait jamais de faire mention de cet inépuisable dévouement. « Je recommande, disait-il un jour, à vos prières, les filles de la charité que nous avons envoyées à Calais pour assister les pauvres soldats blessés ; de quatre qu'elles étaient, il y en a deux qui sont mortes ; elles étaient des plus fortes et robustes de leur compagnie ; cependant les voilà qui ont succombé sous le faix , imaginez-vous cinq ou six cents soldats blessés et malades. Voyez un peu la conduite et la bonté de Dieu, de s'être suscité en ce temps une compagnie de la sorte , pourquoi faire? pour assister les pauvres corporellement et spirituellement, en leur disant quelques bonnes paroles qui les portent à penser à leur salut; particulièrement aux moribonds pour les aider à bien mourir, leur faisant faire des actes de contrition et de confiance en Dieu. En vérité, messieurs, cela est touchant; ne vous semble-t-il pas que c'est une action de grand mérite devant Dieu, que les filles s'en aillent avec tant de courage et de résolution parmi des soldats, les soulager en leurs besoins et contribuer à les sauver, qu'elles aillent s'exposer à de si grands travaux et même à de fâcheuses maladies, et enfin à la mort pour ces gens qui se sont exposés au péril de la guerre pour le bien de l'Etat? Nous voyons donc combien ces pauvres filles sont pleines du zèle de la gloire de Dieu et de l'assistance du prochain. La reine nous a fait l'honneur de nous écrire pour nous prier d'en envoyer d'autres à Calais, et voilà que quatre s'en vont partir aujourd'hui pour cela; une d'entre elles, âgée d'environ cinquante ans, me vint trouver vendredi dernier à l'hôtel où j'étais, pour me dire qu'elle avait appris que deux de ses sœurs étaient mortes à Calais, et qu'elle venait s'offrir à moi pour y être envoyée à leur place, si je le trouvais bon; je lui dis : Ma sœur, j'y penserai, et hier elle vint ici pour savoir la réponse que j'avais à lui faire. Voyez, messieurs et mes frères, le courage de ces filles à s'offrir de la sorte, et s'offrir d'aller exposer leur vie comme des victimes pour l'amour de Dieu et le bien du prochain ; cela n'est-il pas admirable ? pour moi, je ne sais que dire à cela, sinon que ces filles seront nos juges au jour du jugement. Oui, elles seront nos juges, si nous ne sommes disposés comme elles à exposer notre vie pour Dieu.

X

DISTRIBUTION DE SECOURS DANS LES GUERRES CIVILES.

Ces fondations charitables, telles que nous venons de les faire connaître, avaient quelque chose de régulier, en ce qu'elles se circonscrivaient dans un lieu fixe et s'appliquaient à des besoins déterminés ; mais l'entreprise dans laquelle il faut admirer surtout la puissance d'esprit et le courage sublime de Vincent de Paul, c'est l'établissement des secours, pour ainsi dire ambulants, en faveur des provinces envahies par l'ennemi. Qu'on se représente en effet un pays frappé des fléaux de la guerre; il semble que rien désormais ne puisse y être durable, qu'aucune administration n'y soit possible. C'est cependant au milieu de ce chaos, de ces tempêtes publiques, qu'il faut agir sans injustice, sans précipitation, qu'il faut faire le bien avec discernement. Suivons donc l'administration charitable de saint Vincent dans cette épreuve difficile; c'est avec les monuments historiques, et pour ainsi dire avec les certificats des pauvres à la main, que nous suivrons ce récit, que nous retracerons les bienfaits de l'homme de Dieu. Nous lisons les pièces suivantes dans les mémoires du temps. Au mois de décembre 1640, voici ce qu'écrivaient le maire et les échevins de Pont-à-Mousson à saint Vincent : « Nous appréhendons, disent-ils, de nous voir en peu de temps privés des charités qu'il a plu à votre bonté de faire départir à nos pauvres; il faut que nous recourions à vous, monsieur, afin de leur procurer, s'il vous plaît, avec autant de zèle que ci-devant, les mêmes secours, puisque la nécessité est au même degré qu'elle a jamais été. Il y a deux ans que la récolte a manqué; les troupes ont fait manger la récolte en herbe, les garnisons continuelles ne nous ont laissé que des objets de compassion; ceux qui étaient un peu aisés, sont réduits à la mendicité. Pour tant de motifs aussi puissants que véritables pour animer la tendresse de votre cœur, déjà plein d'amour et de pitié, pour continuer ses bénignes influences sur cinq cents pauvres qui mouraient en peu d'heures, si par malheur cette douceur venait à leur défaillir, nous supplions votre bonté de ne souffrir ces extrémités, mais de nous donner des miettes de ce que les autres villes ont de superflu ; vous ne ferez pas non-seulement la charité à nos pauvres, mais vous les tirerez des griffes de la mort. »

« Monsieur, écrivaient les échevins de Metz, vous nous avez si étroitement obligés, en subvenant, comme vous avez fait, à l'indigence et à la nécessité extrême de nos pauvres, que nous serions des ingrats, si nous demeurions plus longtemps sans vous témoigner le souvenir que nous en avons, pouvant vous assurer que les aumônes que vous avez envoyées ne pouvaient être mieux employées qu'envers les malheureux qui sont ici destitués de tous secours humains : les uns ne jouissent pas de leurs petits revenus depuis la guerre, et les autres ne recevant plus rien des personnes accommodées de cette ville, qui leur faisaient l'aumône, parce que les moyens leur en sont ôtés ; ce qui nous oblige de vous supplier, monsieur, de vouloir continuer, tant envers les dits pauvres que les monastères de cette ville, les mêmes subventions que vous avez faites jusqu'ici. C'est un sujet de grand mérite pour ceux qui font une si bonne administration avec autant de prudence et d'adresse, en quoi vous vous acquerrez de grandes aides dans le ciel. »

Trois ans après, les habitants de Lunéville écrivaient en ces termes à l'homme de Dieu : « Monsieur, depuis plusieurs années que cette pauvre ville a été affligée de pertes, de guerre et de famine, qui l'ont réduite au point de l'extrémité où elle est à présent, au lieu de consolations, nous n'ayons rien que des rigueurs de la part de nos créanciers, et des cruautés de la part des soldats, qui nous ont enlevé par force le peu de pain que nous avions ; en sorte qu'il semblait que le Ciel n'avait plus que de la rigueur pour nous, lorsqu'un de vos enfants étant arrivé ici, chargé d'aumônes, a grandement tempéré l'excès de nos maux et relevé notre espérance en la miséricorde de Dieu. Nous bénissons les instruments de son infinie clémence, tant ceux qui nous soulagent de leurs charités si opportunes, que ceux qui nous les procurent et distribuent, et vous principalement, que nous croyons être après Dieu l'auteur d'un si grand bien. Vous dirons-nous maintenant tout ce que nous devons à votre infinie charité? c'est que nous sommes dans l'impuissance de vous exprimer. Les missionnaires que vous avez envoyés, vous raconteront nos misères; ils ont vu l'abomination et la désolation dans le temple et dans les cités; mais ils ont tout réparé. »

Il faut lire en effet les lettres des prêtres de Saint-Lazare à leur supérieur, pour se faire une juste idée du bien qu'ils avaient fait dans leurs courses charitables. « Les potages, dit un de ces bons pères, donnés par les aumônes de Paris aux réfugiés à Guise, Ribemont, la Fère et Ham, ont sauvé la vie à plus de deux mille pauvres qui, sans ce secours, eussent été jetés hors de ces villes, et fussent morts au milieu des champs sans aucune assistance. Les religieuses de la Fère et des autres villes, pour la plupart, reconnaissent qu'on leur a sauvé la vie par les assistances qu'on leur a données; elles prient Dieu sans cesse pour les personnes qui leur ont procuré ces bienfaits. Nous avons distribué les grains qu'on nous a envoyés dans ces quartiers; ils ont été semés, et Dieu y donne grande bénédiction; ce qui fait que ce pauvre peuple supporte ses maux avec plus de patience, dans l'espérance que la récolte qui en proviendra leur donnera un grand soulagement. Nous donnons deux cents livres par mois, pour faire subsister plusieurs pauvres curés, et, par le moyen de cette assistance, toutes les paroisses de Guise, Marle et Vervins sont desservies, et au moins en chacune d'elles la messe se célèbre une fois la semaine, et les sacrements y sont administrés. Nous ne pouvons vous exprimer combien de malades sont guéris, combien d'affligés sont consolés, quel nombre de pauvres honteux sont tirés du désespoir par notre assistance, sans laquelle tout aurait péri aux champs et à la ville. Nous avons acheté de vos aumônes sept cents livres de faucilles, de fléaux, de vans et autres outils, pour aider les pauvres à gagner leur vie par le travail de la moisson. Nos orges viennent fort bien, grâce à Dieu ; et par le moyen des semences que vous nous avez envoyées, nous espérons grand soulagement pour l'hiver prochain. Nous avons visité plus de cent villages ; nous y avons trouvé des vieillards et des enfants presque tout nus et tout gelés, des femmes dans le désespoir, toutes transies de froid : nous en avons revêtu plus de quatre cents, et distribué aux femmes des rouets et du chanvre pour les occuper. L'assistance qu'on a commencé à rendre aux curés a toujours continué, et les ayant assemblés par doyennés, nous en avons trouvé qui étaient presque tout dépouillés, auxquels nous avons donné des habits et des soutanes; nous avons aussi fourni leurs églises d'ornements et de missels, et fait faire les réparations nécessaires pour les couvertures et les fenêtres, afin d'empêcher que la pluie ne tombât sur la sainte hostie et que le vent ne l'emportât pendant la célébration de la messe. »

Ainsi, dans la pensée de saint Vincent de Paul, les nécessités des pauvres furent toujours inséparables des besoins de l'Eglise ; la religion et la charité se confondaient dans ce cœur ardent de telle sorte, qu'il faisait aimer le christianisme par la bienfaisance, en même temps qu'il faisait de la bienfaisance le premier devoir d'un chrétien.

XI

FONDATIONS ECCLÉSIASTIQUES.

Nous avons vu, en effet, que l'Eglise doit d'utiles fondations à saint Vincent de Paul; il faut maintenant en faire connaître le but, l'esprit et les résultats.

Une figure qui est infiniment juste et qu'employait souvent saint Vincent pour exprimer le besoin qu'avait l'Eglise de bons pasteurs, était de comparer les évêques et les missionnaires à des conquérants qui doivent placer de bonnes garnisons dans les places conquises, afin de les conserver ; il croyait que si l'on négligeait cet important devoir, il était presque certain que les âmes se flétriraient encore après que la mission aurait été terminée. Dans les courses évangéliques qu'il avait eu occasion de faire, Vincent de Paul s'était cruellement convaincu de la disette des bons pasteurs dans les campagnes ; de toutes parts on lui écrivait pour lui faire connaître ce besoin. « En ce diocèse, lui disait un chanoine de l'Eglise d'Auxerre, le clergé a peu de discipline, le peuple est sans crainte, les prêtres sans dévotion et sans charité, la science sans honneur, la vie sans châtiment, l'autorité de l'Eglise est haïe et méprisée, l'intérêt particulier domine, les plus scandaleux sont les plus puissants, et la chair et le sang y ont comme supplanté l'Evangile et l'esprit de Jésus-Christ. »

Je ne rapporterai point ici cette triste correspondance sur l'état du clergé dans la plupart des diocèses de France ; il est besoin seulement de se représenter un grand scandale, et ce scandale, en présence d'une réforme hardie, toute vivante encore dans les opinions de la société, pour demeurer convaincu de l'impérieuse nécessité d'un institut capable de donner de bons pasteurs à l'Eglise de Jésus-Christ. Dans les temps calmes, la conduite de chaque prêtre peut n'appartenir, jusqu'à un certain point, qu'à Dieu seul ; lui seul pénètre dans son cœur pour le juger ; mais dans des temps d'impiété et de calomnie, le prêtre doit veiller jusque sur ses actions les plus innocentes, parce qu'étant en spectacle, tout, jusqu'à ses paroles, devient dans le langage des partis des arguments pour une cause ou des objections contre elle. Qu'il veille donc, le bon pasteur, qu'il force, par ses bienfaits, ses ennemis à l'admirer ; qu'à la science il joigne la modestie ; qu'avec la plus stricte sévérité de mœurs pour lui-même, il professe pour les autres cette indulgence qui entraîne les cœurs et les attire à Jésus-Christ. Voilà qui est important et grave pour le prêtre, et ce qu'on ne trouvait pas toujours au temps où parut Vincent de Paul.

Il a déjà été dit dans cet ouvrage de quelle manière le pieux serviteur de Dieu chercha des remèdes au mal moral qui menaçait le clergé ; les principaux moyens qu'il employa furent :

1° Les séminaires ;

2° Les exercices des ordinands ;

3° Les retraites ecclésiastiques ;

4° Les retraites spirituelles.

I. L'origine des séminaires se trouve dans le concile de Trente. Les pères rassemblés dans ce concile, considérant combien il importe à la gloire de Dieu et à l'édification des fidèles, que ceux qui sont promus aux ordres ecclésiastiques aient les qualités et les dispositions convenables à cet état, et sachant que, si la vertu qui en est la base n'est inculquée de bonne heure dans le cœur de l'homme, elle trouve une résistance dans les habitudes, ordonnèrent qu'en tous les diocèses on établirait des séminaires pour l'éducation des jeunes élèves qui se destinent à la prêtrise; que là on élèverait les enfants dans la piété et la science convenables, afin que, leur esprit étant soigneusement cultivé, ils fussent rendus capables de produire, par la suite, de bons fruits dans l'Eglise.

Mais au milieu des désordres de toute espèce, triste résultat des guerres civiles et des prédications du protestantisme, ces dispositions du concile n'étaient point entièrement exécutées ; quelques séminaires s'étaient préalablement élevés, et dans ces séminaires on cultivait moins le savoir et les vertus ecclésiastiques que l'art des disputes et des controverses philosophiques que le moyen âge et Aristote avaient léguées. Ce fut pour réparer un mal qui s'accroissait chaque jour, que saint Vincent conçut la pensée de former un séminaire dans le collége régulier des Bons-Enfants, qu'il institua d'abord sur les bases indiquées par les pères du concile; mais l'expérience lui ayant fait connaître que cette institution première, qui n'embrassait, pour ainsi dire, que l'enfance du jeune clerc, n'était pas suffisante, et qu'il fallait suivre le prêtre lui-même, revêtu des ordres sacrés ou qui devait bientôt les recevoir, il agrandit son institution et fonda son établissement sur un plan plus élevé. Tous les ecclésiastiques déjà promus aux saints ordres, ou qui étaient dans la disposition prochaine de les recevoir, devaient se réunir dans le collége des Bons-Enfants, afin de s'instruire des plus hautes questions de la théologie, principalement de celles qui regardent les mœurs et l'administration des sacrements, et pour se former à toutes les fonctions propres à leur caractère, telles que la prédication de l'Evangile dans la chaire chrétienne et les cérémonies de l'Eglise, en sorte qu'ils pussent se rendre capables des emplois auxquels les prélats voudraient les occuper.

Nous avons lu un petit écrit sur la composition

de ce séminaire et le bien qu'il produisait sur le clergé en général.

« On fait dans ce séminaire comme une mission perpétuelle ; on y voit à proportion les mêmes fruits qu'on voit aux missions des champs et des villes ; des prêtres, qui avaient vécu longtemps dans le monde, s'y convertissent en fondant en larmes ; dans leur retraite, ils avouent hautement leurs déréglements passés ; s'ils ont des inimitiés invétérées, ils se réconcilient ouvertement. Plusieurs sortent de ce séminaire pour fonder de petites communautés ecclésiastiques, à l'imitation de l'œuvre de notre Vincent de Paul ; entre les fruits qu'on a recueillis des exercices qui se pratiquent en ce séminaire pour l'instruction des ecclésiastiques, un des principaux, c'est l'habitude qu'on y contracte de la prédication évangélique ; de plus, les ecclésiastiques, ainsi portés à prêcher, sont plus portés à mener une vie exemplaire ; ils sont obligés à une plus grande application à l'étude, ce qui les retire de l'oisiveté : il y en a d'autres qui, sortant du séminaire, travaillent à répandre dans les campagnes le zèle dont ils sont animés. Nous avons vu des prêtres de la campagne qui, suivant l'admirable exemple de ceux qui sortaient du séminaire, réformaient leurs mœurs et s'imposaient une vie exemplaire. »

II. Nous avons dit que Vincent de Paul indiqua, comme second moyen de procurer de bons prêtres à l'Église, *les exercices des ordinands*. On appelle exercices des ordinands une sorte d'instruction préparatoire que l'évêque fait faire pendant quelques jours à ceux qui vont recevoir les ordres ; la première pensée de cette sage épreuve appartenait à l'évêque de Beauvais, il la communiqua à saint Vincent, comme une sorte d'inspiration venue de Dieu même. Les premiers exercices commencèrent à Beauvais, sous la direction de Vincent de Paul ; mais bientôt l'archevêque de Paris, Jean-François de Gondi, ayant connu et apprécié les bons résultats de ces exercices religieux, les adopta pour son diocèse, et, avant de conférer les ordres, il envoya toujours les jeunes élèves subir des interrogatoires et s'instruire dans le collége des Bons-Enfants.

« M. l'archevêque, écrivait saint Vincent à l'évêque de Beauvais, conformément à la pratique ancienne de l'Eglise, en laquelle les évêques faisaient instruire chez eux ceux qui désiraient être promus aux ordres, a ordonné que, dorénavant, ceux de son diocèse qui auront ce désir se retireront dix jours avant chaque ordre chez les prêtres de la mission, pour s'exercer dans les questions de théologie morale, et particulièrement dans celles qui regardent l'usage des sacrements, pour apprendre à remplir toutes les fonctions de l'Eglise; il en est résulté un tel fruit par la grâce de Dieu, qu'on a vu que tous ceux qui ont fait ces exercices mènent ensuite une vie vraiment ecclésiastique, et même la plupart d'entre eux s'appliquent d'une manière toute particulière aux œuvres de piété, ce qui commence à être manifeste au public. »

L'année de cette grande fondation (1631), six ordinations eurent lieu dans le collége de Saint-Lazare : on n'admettait, dans les premiers temps, que les clercs du diocèse de Paris ; mais quelques dames d'une haute piété ayant prié qu'on y appelât les clercs des diocèses circonvoisins, madame la présidente de Hesse se chargea, pendant cinq années, des nouveaux frais que cet agrandissement allait occasionner ; la reine régente soutint cet établissement par une fondation royale, et dans l'année 1646 on comptait quatre-vingt-dix ordinations dans le collége de Saint-Lazare.

Voici l'analyse du réglement qui fut dressé pour ces ordinations ecclésiastiques par saint Vincent lui-même, il est digne d'être remarqué par la haute sagesse et la piété dont il est empreint.

« On doit faire tous les jours deux entretiens différents aux ordinands ; le premier doit avoir lieu le matin, sur les principaux chefs de la théologie morale ; l'autre, qui doit avoir lieu le soir, embrasse la pratique. Au premier jour, les entretiens roulent sur les censures de l'Église ; dans le second, on détaille les cas particuliers, tels que l'excommunication, la suspension, l'interdit ; dans les troisième et quatrième, on traite du sacrement de Pénitence et des actes qui le préparent ; le cinquième est consacré à l'examen des lois divines et humaines ; dans les sixième et septième on traite des trois premiers commandements du Décalogue, qui règlent les rapports de l'homme avec Dieu, et les sept autres commandements par rapport au prochain ; au huitième, on leur parle des sacrements en général ; dans les trois derniers, des mystères, des symboles et du sacrement de mariage. Quant aux entretiens sur la pratique, ils roulent sur l'oraison, la vocation à l'état ecclésiastique, l'esprit de l'Eglise, l'Ordre en général et la hiérarchie de la vie ecclésiastique. Tous les jours, après ces entretiens, on doit assembler les ordinands par réunion de douze, présidée par un prêtre de Saint-Lazare, et ces douze disciples, tous à peu près d'une égale capacité, dissertent ensemble sur les questions principales qui ont été déjà débattues dans le séminaire ; on les exerce par de fréquentes répétitions à toutes les cérémonies de l'Eglise ; on leur fait réciter l'office pour les habituer à cette sainte pratique ; ils ne doivent quitter l'autel, la controverse ou la prière que pour se livrer au sommeil, qui ne doit point se prolonger au delà de sept heures et demie ; une conversation pieuse, d'une heure environ, doit le précéder ; enfin, dit saint Vincent, on doit mettre les choses dans un train de vie réglée, ni trop libre, ni trop austère, afin qu'ils s'y conforment le plus qu'ils pourront en leur particulier.

III. Une bonne résolution en inspirait toujours une autre à Vincent de Paul ; il s'apercevait chaque jour davantage des salutaires effets des exercices pour les ordinands ; mais cette institution ne suivait pas la vie du prêtre une fois ordonné : après qu'il avait reçu le caractère sacré des mains de l'évêque, il rentrait au milieu de la multitude, et il était à craindre que dans ce tourbillon qui emporte les âmes les plus fermes, il ne subît la triste influence des passions humaines. Cette pensée, qui préoccupait Vincent de Paul, lui donna l'idée d'une institution nouvelle, car, répétons-le sans cesse, cette âme active ne dormait jamais pour le salut des hommes ; il résolut de faire réunir, à certains intervalles, dans Saint-Lazare même, les prêtres qui y avaient reçu les saints ordres, pour y conférer spirituellement sur la science et les vertus de leur état. « Vous êtes, disait-il aux prêtres qu'il visitait à cet effet, revêtus d'un caractère sacré; mais cultivez les saintes dispositions qui vous animent, continuez toute votre vie ce que Dieu a commencé par la grâce. Vous avez été élevés jusqu'à l'auguste fonction de prêtre ; il faut prendre garde qu'il ne vous arrive ce que le prophète Jérémie déplorait dans son temps, que l'or ne perde son éclat et son lustre, et que les pierres du sanctuaire ne soient dispersées et foulées aux pieds dans Jérusalem. »

Des cœurs religieux ne pouvaient repousser de semblables sollicitations. Quelques bons prêtres s'entendirent bientôt sur de tels desseins. Ils réglèrent l'ordre qu'ils devaient suivre dans leurs conférences spirituelles ; toutes les semaines, ils se rassemblaient dans l'intention de s'entretenir sur des questions qui tenaient à l'état ecclésiastique. Saint Vincent leur indiqua lui-même le sujet de leur première conférence ; elle dut rouler sur trois points essentiels : d'abord sur les motifs pour lesquels il importe aux prêtres d'avoir l'esprit ecclésiastique ; le second, en quoi consiste cet esprit, et le troisième sur les moyens de l'acquérir. Ces conférences sur tous les sujets de dogme et de discipline se continuèrent sous la direction de Vincent de Paul, qui les régularisa bientôt par des statuts précis:

Les ecclésiastiques qui assistaient aux conférences, dans le principe, n'excédaient pas quatre-vingt-dix ; mais avant sa mort, saint Vincent eut la consolation de voir s'en accroître le nombre jusqu'à deux cent cinquante : on comptait jusqu'à vingt-deux archevêques et évêques qui sortirent de la communauté, et Vincent de Paul rappelait souvent ce succès, qu'il attribuait à une protection visible de la Providence. Ainsi se fondèrent ces conférences spirituelles sur les vertus ecclésiastiques et les moyens de les mettre en pratique.

IV. Dans la vie du monde, il est trop de sujets de distractions et de tentations périlleuses, pour que l'âme n'ait pas besoin de se retremper à certains intervalles par un régime de piété plus sévère et des observances presque monastiques. Si les conférences servaient à entretenir les prêtres dans les pieux devoirs de leur état, elles n'avaient pas cependant une efficacité telle qu'elles pussent suffire à tous les besoins de la vie ecclésiastique ; on n'y remarquait pas surtout ce caractère de sévérité qui seul pouvait en faire une épreuve et une réparation pour l'âme, selon la belle expression de Bossuet : c'est dans cet objet que saint Vincent introduisit l'usage des retraites spirituelles. On a trouvé sur ce sujet un petit écrit du pieux fondateur, dans lequel il définit d'une manière aussi simple que juste, ce qu'il entend par retraite spirituelle. « Par ce mot de retraite spirituelle ou d'exercice spirituel, il faut entendre un dégagement de toutes les affaires et occupations temporelles, pour s'appliquer sérieusement à bien connaître son intérieur, à bien examiner l'état de sa conscience, à méditer, contempler, prier, et préparer ainsi son âme, pour se purifier de tous ses péchés et de toutes ses mauvaises affections et habitudes, pour se remplir du désir des vertus, pour chercher et connaître la volonté de Dieu, et, l'ayant connue, s'y soumettre, s'y conformer, s'y unir, et ainsi tendre et arriver à sa propre perfection ; il faut enfin que le prêtre puisse dire comme l'Apôtre : « Non, ce n'est plus moi qui vis, mais c'est Jésus-Christ qui vit en moi. Cette perfection des cénobites, on doit l'atteindre par l'exact accomplissement de ses devoirs. Dans les retraites, on examinera sa vie tout entière, on mêlera à ces hautes méditations des lectures spirituelles, on y remplira les obligations d'une vie plus sévère ; c'est là qu'on doit consulter Dieu par de ferventes prières, afin d'acquérir la perfection de son état. »

Ces retraites ne sont pas seulement utiles à ceux

qui sont voués à l'état ecclésiastique ; par cela seul qu'elles sont une perfection de la vie chrétienne, tous les fidèles y sont appelés également ; ainsi l'écolier peut y devenir parfait écolier ; celui qui suit la profession des armes, guerrier valeureux ; s'il est assis sur le lit de justice, il deviendra magistrat intègre ; en un mot, les retraites spirituelles n'ont que cet objet de nous retremper, en nous donnant des forces nouvelles dans l'état que nous avons choisi.

On a objecté contre les retraites spirituelles qu'elles pouvaient faire perdre de vue les devoirs de la société, en nous donnant les goûts de l'état monastique : ceci suppose qu'on ne les connaît pas. La religion fait sans doute du recueillement et de la séparation du monde l'objet d'une perfection particulière ; mais, loin de repousser aucune des situations honnêtes de la vie, elle les protége et les sanctifie. Les retraites spirituelles peuvent former de bons citoyens autant que de bons chrétiens ; elles rappellent à l'homme les obligations de la famille et les soins de son état : la religion fut toujours une garantie pour la société ; celui qui en secoue le fruit salutaire, est rarement l'exemple de la piété filiale ou de l'amour paternel ; l'expérience nous l'apprend, ce ne sont point les ouvriers affiliés à des associations religieuses qui ruinent leur famille par leur libertinage, et désolent une femme et des enfants par leurs vices; lorsque je vois un homme remplir avec exactitude les devoirs de la religion, n'est-ce pas pour moi une présomption et une garantie qu'il remplira avec autant d'exactitude d'autres devoirs que la patrie ou la famille lui imposent? Dois-je me fier, au contraire, à celui qui, rompant les obligations qu'il a contractées comme chrétien, sera tenté, lorsqu'il le pourra sans être atteint par le soupçon ou par la loi, de s'affranchir des délicatesses que commandent les fonctions publiques? J'aime l'homme qui croit à la vie future, dit Montesquieu; j'aime le chrétien surtout, parce qu'il ne craint pas seulement la justice humaine.

Les exercices spirituels des retraites suppléent à tous les défauts de l'âme; on y fait des réflexions sur toutes les vérités; les prêtres et les fidèles s'y corrigent, et l'on devient meilleur pour ce monde et pour l'autre. On ne peut se faire une idée de l'ardeur que saint Vincent de Paul mettait à agrandir le cercle de ces retraites spirituelles et à y appeler les hommes de toutes conditions. Qu'il me soit permis de rappeler ici le témoignage du bon évêque de Rhodez, qui avait assisté à ces pieuses réunons. « Vincent de Paul s'était rendu, dit-il, comme parfait imitateur de ce père de famille de l'Évangile, qui admettait à son festin tous ceux qui se présentaient, quoique pauvres, aveugles ou boiteux, les envoyant chercher, non-seulement dans les rues et dans les places de la ville, mais aussi dans les lieux champêtres et autres plus écartés, pour les convier et pour les presser d'y venir prendre part; car Dieu a fait paraître en nos jours un semblable spectacle, qui donnait tout ensemble de l'étonnement et de l'édification, lorsqu'on voyait dans le même réfectoire de la maison de Saint-Lazare, parmi les missionnaires, un grand nombre de personnes du dehors, de tout âge et de toute condition, de la ville et des champs, de pauvres et de riches, de jeunes et de vieux, des étudiants et des docteurs, des prêtres et des bénéficiers, des gentilshommes, des comtes et des marquis, des procureurs, des avocats, des conseillers, des présidents, des maîtres des requêtes et autres officiers de justice, des marchands, des artisans, des soldats et jusqu'à des pages et des laquais; tous étaient reçus, nourris et logés dans ce grand hospice de charité, pour y faire leurs retraites, et pour y trouver le remède à leurs infirmités spirituelles et les assistances nécessaires pour se mettre dans les voies de leur salut. »

Les comptes de la maison de Saint-Lazare portent, en effet, que depuis l'année 1635 que ces retraites devinrent un peu fréquentées, jusqu'à la mort du Saint, le nombre des personnes qui cherchèrent la paix et la solitude était de près de cent vingt mille : dans les commencements de cette fondation, on fut obligé de n'admettre qu'un petit nombre de personnes ; mais dans la suite l'ardente piété de saint Vincent suppléa à la faiblesse des ressources ; il voulut qu'on ouvrît les bras à tous ceux qui se présenteraient pour se donner à Dieu et à la perfection morale. Il ne pouvait se persuader que sa congrégation vînt jamais à manquer des choses nécessaires, puisqu'elle faisait un tel emploi de ses revenus. Un frère de la mission, voyant la maison surchargée, prit la liberté de lui dire un jour qu'il semblait qu'on recevait un trop grand nombre de personnes. « Mon frère, lui répondit saint Vincent, c'est qu'elles veulent se sauver. » Une autre fois, le trésorier lui faisait observer que la maison avait de trop grandes dépenses à soutenir pour entretenir les personnes qui venaient faire leur retraite. Il répondit encore : « Si nous avions trente ans à subsister, et qu'en recevant tous ceux qui viennent faire retraite, nous n'en dussions subsister que quinze, il ne faudrait pas laisser pour cela de les recevoir; il est vrai que la dépense est grande, mais elle ne peut être mieux employée, et si la maison est engagée, Dieu saura bien trouver les moyens de la dégager, comme il y a sujet de l'espérer de sa providence et de sa bonté infinie. — Mais, dit le trésorier, nous n'avons pas assez de chambres! Eh bien! donnez-leur la nôtre, lorsque les autres seront remplies. — Ne craignez-vous pas cependant, reprit le trésorier, que dans un si grand nombre de personnes, plusieurs ne fassent pas de profit de vos retraites? — Qu'importe? ce n'est pas peu si une partie en profite. — Mais plusieurs y viennent, pressés plutôt par la nourriture du corps que par celle de l'âme. — Eh bien! n'est-ce pas toujours une aumône qui est agréable à Dieu? que si vous vous rendez difficile à les recevoir, il arrivera que vous en rebuterez queques-uns que Notre-Seigneur voudra convertir, et la trop grande exactitude que vous apporterez à examiner leurs desseins, fera perdre à plusieurs les désirs qu'ils avaient conçus de se donner à Dieu. »

Nous ne finirions pas si nous rapportions toutes les belles et grandes maximes de saint Vincent par rapport à cette hospitalité religieuse. Un digne ecclésiastique, qui avait assisté à ces retraites, nous en a laissé le fidèle tableau. « Comme Paris, dit-il, est l'abord de toute sorte de personnes, tous les misérables et affligés, de quelque condition qu'ils fussent, étaient assurés de trouver un asile à Saint-Lazare ; sa porte, ses tables et toutes ses chambres en sont témoins. M. Vincent a voulu que sa maison fût une mission perpétuelle, un flux et reflux d'exercices spirituels, de retraites et de pénitences, et de confession générale pour les pauvres pécheurs qui veulent se convertir, et généralement pour toutes sortes de personnes qui y sont reçues, logées et nourries pendant leur retraite, successivement et sans discontinuer pendant toute l'année ; ce qui se fait de si bonne grâce et avec tant de charité, que les plus endurcis s'en retournent tout édifiés et changés, leur cœur étant touché et gagné par cette hospitalité religieuse, cette douceur et les bons exemples qu'ils y reçoivent.

Nous terminons ici le tableau des institutions fondées par saint Vincent de Paul ; la plupart sont encore debout, et il nous est possible, à la suite d'une longue expérience, d'en apprécier aujourd'hui la pensée et les résultats. Nous n'avons pas besoin de faire encore remarquer que toutes furent inspirées par le sentiment religieux et la piété chrétienne, et que ce caractère ressort de toutes les paroles du saint fondateur, et se manifeste visiblement aux yeux de tous : sa vie est donc comme la preuve sensible de cette maxime que nous avons exprimée dans cet ouvrage, qu'il n'y a de charité durable et complète que dans le christianisme; que hors des lois de Jésus-Christ, tout est faux, tout est insuffisant pour le cœur de l'homme. Nous, qui appartenons à la génération nouvelle, nous voudrions que nos jeunes contemporains, que ceux-là qui doivent traverser avec nous les orages de la vie se pénétrassent bien de cette vérité; leur cœur généreux a toujours battu pour ce qui est noble et élevé; ils se sont enflammés de l'amour de la patrie en entendant le récit des héroïques actions qu'il inspira aux grands hommes de l'antiquité : eh bien ! que cette vie d'un héros chrétien, guérissant toutes les plaies de l'humanité et réparant toutes les infortunes, que cette vie toute pleine de belles et généreuses actions leur inspire l'amour du christianisme. Il y a dans le livre divin, qui en est la base, plus de morale et de philosophie que dans toutes ces écoles de sagesse que l'antiquité a tant louées. Quand on lit l'Evangile il faut mentir à ses propres émotions, faire violence à son propre cœur pour ne pas adorer : on y trouve des leçons de patriotisme comme des préceptes de vertu, en un mot tout ce qui cimente parmi les hommes les liens de la société.

« Les principes du christianisme bien gravés dans le cœur, dit un grand publiciste (1), sont bien plus forts que toutes les vertus humaines des républiques ; et, chose admirable ! la religion chrétienne, qui ne semble avoir d'objet que la félicité de l'autre vie, fait encore notre bonheur dans celle-ci ! »

(1) Montesquieu.

LIVRE TROISIÈME

MORALE DE SAINT VINCENT DE PAUL.

Les doctrines, les préceptes demeurent avec les exemples pour l'instruction de la postérité. Nous nous proposons donc, dans cette dernière partie, d'exposer les principes de saint Vincent, en les appliquant aux actions et surtout aux vertus de la vie chrétienne : ce travail ne sera pas sans utilité pour une génération malheureusement trop indifférente sur les grands devoirs de la vie.

I

CHARITÉ DE SAINT VINCENT DE PAUL.

Quand on a nommé saint Vincent, il est bien difficile de ne pas parler tout aussitôt de sa charité ;

c'est aussi par là que nous commencerons ce petit traité.

« Le précepte d'aimer son prochain est si fort, avait-il coutume de dire, que quiconque l'observe accomplit la loi de Dieu, parce que tous les préceptes de cette loi se rapportent à cet amour du prochain, selon la doctrine du saint Apôtre : *Qui diligit proximum legem implevit*. Donnez-moi, s'écriait-il un jour en parlant à sa congrégation, une personne qui borne son amour en Dieu, une âme élevée en contemplation, mais qui ne se mette en aucune peine d'aimer son prochain, et une autre qui, dure et grossière dans l'amour de Dieu, aime son prochain infiniment : eh bien! je préférerai la seconde, parce qu'elle accomplit mieux la loi de Dieu. O Jésus! dites-nous, s'il vous plaît, qu'est-ce qui vous a fait descendre du ciel pour souffrir les malédictions de la terre, si ce n'est une charité admirable, une charité infinie? »

On rapporte diverses actions de saint Vincent qui peuvent faire connaître la manière dont il entendait ce précepte. Il passait un jour dans le faubourg Saint-Martin; il vit dans la rue six ou sept soldats qui poursuivaient un pauvre artisan pour le tuer; ils l'avaient même déjà blessé, son sang coulait d'une large plaie : tout le monde fuyait devant cette troupe furieuse. Saint Vincent ne craignit pas d'exposer sa vie pour sauver celle d'un frère : il marcha vers ces soldats, et se jetant au milieu des épées, il fit comme un bouclier de son corps pour couvrir le malheureux qu'ils allaient frapper ; les soldats s'arrêtèrent étonnés. Saint Vincent prit alors la parole et leur montra le triste effet de leurs ressentiments : en l'écoutant, leur colère, tomba comme d'elle-même.

Les principes à l'égard des pauvres inspirent un véritable enthousiasme pour la charité. Nous sommes ici pour évangéliser les pauvres, disait-il sans cesse, nous sommes les prêtres des pauvres ; Dieu nous a choisis pour eux, c'est là notre capital, le reste n'est qu'accessoire. Je suis en peine souvent pour notre compagnie ; mais en vérité elle ne me touche point à l'égal des pauvres. Si nous étions menacés de la misère, nous en serions quittes pour demander du pain à nos autres missions ; mais pour les pauvres que feront-ils ? où pourront-ils aller ? J'avoue que c'est là mon poids et ma douleur. On m'a dit qu'aux champs les pauvres gens disent au milieu de leurs misères, que tant qu'ils auront des fruits ils vivront, mais qu'après cela ils n'auront qu'à faire leur fosses et s'enterrer tout vivants. O Dieu ! quelle extrémité de misère ! et le moyen d'y remédier ? »

« Ceux qui auront aimé les pauvres pendant leur vie, disait-il en une autre occasion, n'auront aucune crainte de la mort. J'en ai fait l'expérience plusieurs fois, et ma pensée à cet égard s'est toujours vérifiée. Quand nous allons voir les pauvres, nous devons entrer dans leurs sentiments pour souffrir avec eux et nous mettre dans les dispositions de ce grand apôtre qui disait : *Omnibus omnis factus sum;* je me suis fait tout à tous. Demandons donc à Dieu, mes frères, qu'il nous donne cet esprit de compassion et de miséricorde, qu'il nous en remplisse, qu'il nous le conserve, en sorte que celui qui verra un missionnaire puisse dire : Voilà un homme plein de miséricorde. Pensez combien nous avons besoin nous-mêmes de miséricorde, et agissons en conséquence. »

Cette charité sans bornes ne se formait pas de vains scrupules, de sèches exceptions dans ses actes. On lui disait un jour que les enfants trouvés étaient le plus souvent le produit de criminels amours et de passions déplorables. Qu'importe? répondit-il; quelle foi que celle qui distingue dans ses aumônes! Je donne toujours en fermant les yeux. Si Notre-Seigneur vivait encore parmi les hommes, et qu'il vît des enfants délaissés, croyez-vous qu'il voulût les abandonner? Ce serait faire injure à sa bonté infinie que d'avoir une telle pensée, et nous serions infidèles à la grâce si, ayant été choisis par sa providence pour cette grande œuvre, nous l'abandonnions sous de vains prétextes. »

« Que votre charité ne se lasse jamais, avait-il coutume de dire, donnez, donnez toujours, tant que le pauvre vous demande. » Divers autres traits de sa vie ont mis encore en action cette bienfaisance inépuisable.

Un jour qu'il retournait de la ville à Saint-Lazare, une multitude de femmes âgées qui s'étaient réunies sous la porte de la maison, lui demandèrent l'aumône. Saint Vincent la leur promit; mais quand il fut rentré dans sa communauté, la multiplicité des affaires lui ayant fait oublier sa promesse, on la lui fit rappeler. Tout aussitôt le saint homme sortit, et se précipitant aux genoux de ces pauvres femmes étonnées, il leur donna l'aumône en leur demandant pardon de les avoir oubliées.

Un pauvre charretier ayant perdu ses chevaux, eut recours à saint Vincent; l'homme de Dieu lui porta lui-même cent écus pour réparer ce désastre qui le ruinait.

Un laboureur étant mort à la suite d'une expropriation, laissa une veuve et deux enfants dans la plus profonde misère; Vincent de Paul n'hésita pas à prendre auprès de lui les deux orphelins, qui furent élevés et nourris à Saint-Lazare.

Un vieux soldat criblé de blessures se présenta à lui pour demander l'hospitalité; celui-ci se jeta à ses pieds en lui disant : « O mon frère, venez-vous demeurer avec moi ? » Aussitôt il lui fit donner une chambre, lui assigna un domestique pour le servir, et durant une longue maladie qu'éprouva ce malheureux, saint Vincent le soigna lui-même; il ne quitta pas le chevet de son lit. On a toujours remarqué que le saint homme aimait ardemment les soldats ; il avait contracté le besoin de les servir durant ses longues prédications des camps, lors des missions de la Champagne et de la Lorraine.

Quand le saint homme voyait de pauvres infirmes couchés le long des rues ou des chemins, il ne passait jamais sans interroger leurs souffrances; il leur demandait quels étaient leurs maux, s'offrait de les soulager ; s'ils manifestaient le moindre désir d'aller à l'Hôtel-Dieu, tout aussitôt il appelait des porteurs et les faisait conduire dans cette maison, où lui-même allait les recommander. On rapporte qu'un jour, ayant rencontré dans son chemin un malheureux couvert de plaies, il le prit dans son propre carrosse et le conduisit à la maison de Saint-Lazare.

On demandera comment la fortune modeste de Vincent de Paul et les revenus de sa maison pouvaient suffire à de si grandes dépenses ; nous répondrons que sa charité était aussi industrieuse qu'infinie. Autour d'un homme de bien se forment comme d'elles-mêmes mille ressources ; Dieu n'abandonne jamais ceux qui le servent, il multiplie les moyens, et rien ne manqua jamais, il faut ici le dire, au bienheureux directeur de Saint-Lazare.

II

SON AMOUR ENVERS DIEU, SON OBÉISSANCE ET SA RÉSIGNATION.

La charité de Vincent de Paul, comme toutes ses autres vertus, avait sa source dans un ardent amour de Dieu et une foi aveugle dans les vérités du christianisme : « Honorons toujours les perfections de Dieu, disait-il ; prenons pour but de tout ce que nous avons à faire celles qui sont le plus opposées à nos imperfections, comme sa douceur et sa clémence ; brûlons d'un saint amour pour le Créateur, pour celui-là, qui d'une seule parole, nous fit tout ce que nous sommes. O mes frères, il n'est rien sans l'amour de Dieu, sans la crainte de ses commandements : *Cherchez premièrement le royaume de Dieu.* Notre Seigneur nous recommande par ces paroles de faire régner Dieu en nous, et puis de coopérer avec lui à étendre et à amplifier son royaume dans la conquête des cieux. N'est-ce pas un grand honneur pour nous que d'être appelés à l'exécution d'un aussi grand dessein ? N'est-ce pas agir comme les anges, qui travaillent incessamment au royaume de Dieu ? A quoi tiendra-t-il, mes frères, que nous répondions à une vocation si sincère, si édifiante ? »

La meilleure manière de montrer son amour pour Dieu, c'est d'obéir avec soumission à sa volonté, de s'y conformer en toutes choses, d'y prendre tout son plaisir ; c'est vivre sur la terre d'une manière tout angélique, c'est vivre de la vie de Jésus-Christ. Le Seigneur est comme une communion continuelle pour les âmes vertueuses unies à sa très-sainte volonté, et parce que cette obéissance est un moyen assuré d'acquérir la perfection chrétienne, le saint homme, et nous citons ici ses paroles, recommande à tous les fidèles de se la rendre familière : 1° en exécutant tout ce qui nous est commandé et en fuyant soigneusement ce qui nous est défendu, et cela toutes les fois qu'il nous est démontré que tel commandement ou telle défense nous vient de Dieu, ou de nos supérieurs, ou de nos règles, ou de nos constitutions; 2° entre les choses indifférentes qui se présentent à faire, en choisissant plutôt celles qui répugnent à notre nature que celles qui la satisfont, si ce n'est que celles qui lui plaisent soient nécessaires : car alors il faut les préférer aux autres en les envisageant néanmoins, non du côté qu'elles délectent, mais du côté qu'elles sont agréables à Dieu : que si plusieurs choses indifférentes de leur nature, qui ne sont agréables ni désagréables, se présentent à faire en même temps, alors il est à propos de se porter indifféremment à ce qu'on voudra, comme venant de la divine Providence ; 3° pour ce qui est des choses qui nous arrivent inopinément, comme sont les afflictions et les consolations, soit corporelles ou spirituelles, en les recevant toutes avec égalité d'esprit, comme sortant de la main paternelle de notre Sauveur; 4° en faisant toutes ces choses-là par le motif que c'est le bon plaisir de Dieu, et pour imiter en cela, autant qu'il nous est possible, Notre-Seigneur Jésus-Christ, qui a toujours fait ces mêmes choses et pour la même fin, comme il le témoigne lui-même par ces mêmes paroles rapportées dans l'Évangile : Je fais toujours selon la volonté de mon Père.

J'ai résumé cette espèce de Code de la morale chrétienne, tel que l'a écrit de sa main saint Vincent de Paul ; il contient dans sa belle et courte expression toutes les vertus du chrétien et tous les devoirs qu'il doit remplir. Le saint homme est plein de l'amour de Dieu ; c'est là le mobile qui l'anime, l'unique motif comme la seule récompense de toutes ses actions.

Une foi ardente, soumise, absolue, formait aussi le fondement de toutes les vertus du saint ; jamais chrétien ne respecta avec plus d'obéissance les vérités du christianisme, les mystères impénétrables de cette sainte religion ; il repoussait le raisonnement superbe, cet esprit d'examen qui veut planer sur la volonté de Dieu même et chercher des explications jusque dans le sanctuaire, où il ne faut qu'adorer : « Plus on porte les yeux sur le soleil, disait-il, moins on le voit ; de même plus on s'efforce de raisonner et de porter l'examen sur les vérités de notre religion, moins on les connaît par la foi ; c'est assez, disait-il, que l'Église nous les propose, nous ne saurions manquer de les croire et de nous y soumettre. Je remercie Dieu de ce qu'il m'a conservé dans l'intégrité de ma foi au milieu d'un siècle qui a produit tant d'erreurs et d'opinions scandaleuses. Dieu m'a fait la grâce de ne jamais adhérer à aucun sentiment qui fût contraire à celui de l'Église, et nonobstant toutes les occasions qui se sont présentées pour me détourner du droit chemin, je me suis toujours trouvé, « par une protection spéciale de Dieu, du parti de la vérité. »

La foi de Vincent de Paul se montrait si explicite, si complète, qu'au moindre jugement de l'Église ses doutes et sa raison disparaissaient tout à fait. « L'Église est le royaume de Dieu, lequel inspire à ceux qu'il a préposés pour le gouverner, la bonne conduite qu'ils tiennent ; son saint Esprit préside dans les conciles, et c'est de lui que sont procédées les lumières qui, répandues par toute la terre, ont éclairé les saints et offusqué les méchants, développé les doutes, manifesté les vérités, découvert les erreurs et montré les voies par lesquelles l'Église en général et chaque fidèle en particulier peut marcher avec assurance. »

Aussi, lorsque les erreurs du jansénisme parurent en France, Vincent de Paul hésita-t-il dans ses jugements jusqu'au moment où elles furent condamnées par l'Église ; alors il se prononça sans déguisement comme sans crainte. « Sachez, écrivait-il à un de ses amis, sachez que cette erreur du jansénisme est une des plus dangereuses qui ait jamais troublé l'Église, et que je suis obligé de louer très-particulièrement Dieu et Je le remercier de ce qu'il n'a pas permis que les premiers et les plus considérables d'entre ceux qui professent cette doctrine et qui étaient de mes amis, aient pu me persuader de leurs sentiments ; je ne saurais vous exprimer les peines qu'ils ont prises et les raisons qu'ils m'ont données pour cela ; mais je leur proposais entre autres choses l'autorité du concile de Trente, qui leur est manifestement contraire, et voyant qu'ils continuaient toujours, au lieu de leur répondre, je récitais tout bas mon *Credo* : et voilà comment je suis demeuré ferme dans la créance catholique, outre que de tout temps j'ai toujours eu une secrète crainte dans mon âme, et je n'ai rien tant appréhendé que de me trouver par malheur engagé dans quelque hérésie qui m'emportât avec les curieux des nouveautés et qui me fît faire naufrage en la foi. »

La foi chrétienne fit toujours naître la confiance en Dieu ; il ne faut pas sans doute que, fataliste imprudent, le chrétien, dans une sorte de paresse d'esprit et de corps, attende les bienfaits de la Providence sans occuper sa vie ; on peut définir la confiance en Dieu, l'état d'une âme qui place l'espérance de toutes ses œuvres en Dieu seul. « Laissons faire à Notre-Seigneur, disait Vincent de Paul, ayons bon courage ; il sera notre premier, notre second dans le travail que nous avons commencé. » Quand il entrevoyait les missionnaires dans un de leurs saints pèlerinages, il ne manquait jamais de leur dire : « Allez, messieurs, au nom de Notre-Seigneur ; travaillez sans doute, mais souvenez-vous que vous travaillez par lui et pour lui ; c'est pour son service et sa gloire que vous entreprenez ce voyage ; ce sera lui aussi qui vous conduira et vous protégera ; tenez-vous toujours dans une fidèle dépendance ; ayez recours à lui en tous lieux ; jetez-vous entre ses bras avec une ferme confiance qu'il vous assistera et qu'il bénira vos travaux. »

Une des succursales de la communauté lui ayant écrit pour lui exposer l'état déplorable où elle était réduite à cause de la cherté des vivres et de la stérilité de l'année, saint Vincent répondit : « Il ne faut pas vous étonner ni vous effrayer pour une mauvaise année ni pour plusieurs ; Dieu est abondant en richesses ; rien ne vous a manqué jusqu'à présent, pourquoi vous alarmer sur l'avenir ? Le Seigneur n'a-t-il pas soin de nourrir les petits oiseaux qui ne sèment pas et ne font aucune moisson ? Combien plus aurait-il la bonté de pourvoir à ses serviteurs ? Vous voudriez avoir toutes vos provisions faites et les voir devant vous pour être assurés d'avoir tout à souhait. Dieu veuille avoir pitié du pauvre peuple qui était tant à plaindre au temps de la disette ; mais nous, combien de ressources n'avons-nous pas ? »

Ce n'était donc pas une doctrine de paresse et de repos que saint Vincent de Paul annonçait dans ses paroles ; il voulait que cette pensée de la confiance en Dieu fût comme un nouveau stimulant, comme une force active qui prévînt le découragement des hommes : et en cela cette doctrine, utile pour les rapports de l'âme avec Dieu, l'était encore pour la société tout entière. Il arrive trop souvent, dans le cours d'une longue carrière, des dégoûts de toute espèce, et si la Providence ne nous soutenait, si nous ne pensions pas que Dieu nous aidera dans nos travaux, il serait trop à craindre que nous abandonnassions ce que nous avons entrepris, tant le dégoût nous poursuivrait ; ainsi la confiance en Dieu, bien entendue, en la séparant de toute pensée d'une fatalité aveugle, encourage et fortifie l'âme humaine. C'est ainsi, comme nous le montre sa vie tout entière, que Vincent de Paul la comprenait. Nous le voyons, ce pieux serviteur de Dieu, occuper tous ses moments sans se condamner jamais au repos : il espère beaucoup en Dieu ; mais à peine le jour paraît-il que le voilà debout, employant toutes les forces de son âme à de pénibles travaux ; il prie, mais il veille : il croit que Dieu l'aidera; mais pour seconder la volonté du Très-Haut, il se rend le ministre agissant de sa bienfaisance et l'instrument actif de ses charités. Et ceci doit être remarqué : la providence de Dieu se manifeste avec justice ; elle ne sert point la paresse, mais elle double les forces et l'industrie de l'homme; elle ne sert point celui qui dort, mais elle fait fructifier les travaux de celui qui veille. La Providence est juste et j'oserai dire sociale ; elle donne, mais elle ne prodigue point ses bienfaits en aveugle. Il ne faudrait pas la confondre, dans notre religion épurée, avec cette Fortune de l'antiquité païenne, que les poëtes ont représentée un bandeau sur les yeux, et qui balance dans son urne fatale les destinées des dieux et des hommes.

III

DE LA PRIÈRE DE SAINT VINCENT DE PAUL.

Vincent de Paul avait acquis cette noble confiance en Dieu par l'habitude de la prière. Cette élévation continuelle de l'âme vers son Créateur a toujours pour résultat de nous le faire mieux connaître, et de faire ainsi rapporter à lui seul tous les actes de notre vie. L'oraison, selon saint Vincent, était comme la manne précieuse que Dieu a donnée à ses fidèles. Elle est comme une rosée céleste qui peut faire germer et croître toutes sortes de vertus : « Donnez-moi, disait-il, un homme d'oraison, et il sera capable de tout ; il pourra répéter après le saint Apôtre : Je puis toutes choses en celui qui me soutient et me conforte. Notre mission ne subsistera que tant que l'oraison y sera fidèlement observée, parce qu'elle est comme un rempart inexpugnable qui met nos missionnaires à couvert contre toute attaque. Elle est comme un mystique arsenal ou comme la tour de David, qui leur fournit toutes sortes d'armes, non-seulement pour se défendre, mais pour assaillir et mettre en déroute tous les ennemis de la gloire de Dieu et du salut des âmes. L'oraison est un grand livre pour le prédicateur ; c'est là que vous puiserez ces vérités divines dans le Verbe éternel, qui en est la source, pour les répandre après parmi le peuple. Il est à souhaiter que les missionnaires s'affectionnent beaucoup à ce saint exercice de l'oraison ; car, sans son secours, ils feront peu ou point de fruits, mais par son moyen ils se rendront capables de toucher les cœurs et de convertir les âmes. Je prie donc Notre-Seigneur qu'il vous confirme dans la pratique de cette vertu. »

Saint Vincent mettait tant de prix à l'oraison, qu'il a cru devoir en écrire un traité spécial, dans lequel il envisage non-seulement l'effet de l'oraison, mais encore il pénètre dans le sens intime ; et, si l'on peut se servir de ce mot, il détaille la prière : « L'oraison, dit-il, a trois parties : le sujet est d'une chose sensible ou insensible ; si elle est sensible, comme Dieu, le ciel, il faut se la représenter et faire attention à toutes ses parties ou circonstances ; si la chose est insensible, par exemple, si c'est une vertu, il faut considérer en quoi elle consiste, quelles sont ses principales propriétés, et aussi quels sont ses effets, et particulièrement quels sont les moyens de la mettre en pratique. Il est bon aussi de rechercher les motifs qui nous portent à embrasser cette vertu et nous arrêter davantage aux motifs qui nous touchent le plus ; ces motifs, on peut les tirer des saintes Écritures ou bien des saints Pères, et quand quelques passages de leurs écrits nous reviennent à la mémoire pendant les prières, il faut les réciter dans son esprit ; mais il ne faudrait pas les rechercher, car à quoi sert d'arrêter sa pensée et l'élévation de son cœur pour relire des passages, ce qui est plutôt vaquer à l'étude que faire l'oraison ?

» Quand on veut avoir du feu, on bat la pierre ; mais aussitôt que le feu a pris à la matière, on allume le flambeau, et celui-là se rendrait ridicule qui, ayant allumé son flambeau, continuerait à battre la pierre. De même quand une âme est assez éclairée par de justes considérations, qu'est-il besoin d'en rechercher d'autres ? Ne voyez-vous pas que c'est perdre le temps, et qu'alors il faut s'appliquer à enflammer la volonté et à exciter ses affections par la beauté de la vertu et par la laideur du vice contraire ; ce qui n'est pas malaisé, puisque la volonté suit la lumière de l'entendement et se porte à ce qui lui est proposé comme bon et désirable. Mais ce n'est point encore assez; il ne suffit pas d'avoir de bonnes affections, il faut passer plus avant et se porter aux résolutions de travailler tout de bon à l'avenir pour l'acquisition de la vertu, se proposant de la mettre en pratique. C'est ici le point important et le fruit qu'on doit tirer de l'oraison ; c'est pourquoi il ne faut pas passer légèrement sur les résolutions, mais les réitérer et les bien mettre dans son cœur ; et même il est bon de prévoir les empêchements qui peuvent survenir et les moyens qui peuvent aider pour arriver à cette pratique, et il faut se proposer d'éviter les uns et d'embrasser les autres.

IV

FORCE D'AME DE SAINT VINCENT.

Cette habitude de l'oraison donnait à saint Vincent de Paul une force d'âme, une puissance d'esprit bien nécessaire dans les orages de la vie. Qui nous séparera de la charité de Jésus-Christ? avait dit l'Apôtre, sera-ce les tribulations ou l'angoisse, la faim ou la nudité, le péril, la persécution ou le glaive? C'est la force, s'écrie le grand saint Ambroise, qui entreprend une guerre irréconciliable contre tous les vices, qui se rend invincible aux travaux, demeure sans crainte au milieu des périls et se raidit contre les attachements du monde. Ces maximes, saint Vincent les avait toujours présentes à sa pensée. Nous ne parlerons pas de la constance qu'il a mise dans toutes les œuvres qu'il a entreprises, mais de cette force avec laquelle il a supporté les tribulations de la vie. « L'état d'affliction et de peine, ce sont ses propres paroles, n'est pas un état qui soit mauvais aux yeux du Seigneur; Dieu nous y met pour nous exercer à la vertu et à la patience, et pour nous apprendre la compassion envers les autres. » Saint Vincent supportait donc toutes les peines avec joie. Durant sa longue et douloureuse maladie, un prêtre se trouvant dans sa chambre lorsqu'on levait l'appareil de ses jambes enflées, s'écria : « O monsieur, que vos douleurs sont fâcheuses! — Quoi! répondit saint Vincent, vous appelez fâcheux l'ouvrage de Dieu même! Quoi! vous blâmez qu'il fasse souffrir un pécheur tel que moi?

Dieu vous pardonne, monsieur, ce que vous venez de dire. L'état de maladie est sans doute insupportable, selon la nature ; mais c'est un état de bonheur aux yeux de Dieu, car il nous met à même de faire juger nos forces. »

Cette résistance aux douleurs du corps n'était encore rien à côté de cette force morale qui faisait de saint Vincent, selon l'expression d'un de ses biographes, une sorte de mur d'airain contre toutes les vaines considérations du monde. Jamais il ne céda aux injustes sollicitations, aux prétentions téméraires, lors même qu'elles étaient soutenues par l'éclat des noms ou de la puissance publique. Quelle constance, quelle force d'esprit n'a-t-il pas montrées lorsqu'il a mieux aimé recevoir des affronts et des injures que de consentir à la moindre chose qui fût contraire à la justice ou à la droiture ! Et pendant le temps qu'il a été employé aux conseils de la reine, avec quelle fermeté ne s'est-il pas opposé aux desseins des plus puissants, lorsqu'ils prétendaient obtenir des biens de l'Eglise ou des bénéfices par des voies que le serviteur de Dieu n'estimait pas légitimes, ou pour des personnes qu'il ne jugeait pas capables ! On rapporte qu'un magistrat d'une cour souveraine l'ayant sollicité pour des intérêts qui lui étaient particuliers, saint

Vincent demeura inflexible. Ce magistrat, bouillant de colère, lui dit de grossières injures ; le saint, sans se troubler, lui dit : « Monsieur, vous tâchez, comme je crois, de faire dignement votre charge, et moi je dois tâcher de faire la mienne. » Il avait aussi beaucoup de fermeté pour l'exécution de la règle et des principes. On ne saurait trop se pénétrer de cette grande vérité, que l'indulgence pour les hommes ne doit jamais faire fléchir ; la règle et saint Vincent, qui est l'exemple de la douceur et de la modération, fut aussi le modèle de cette fermeté de principes qui seule protége la foi. On rapporte qu'une abbesse, punie pour des fautes assez graves, s'adressa à l'ancien prieur de Saint-Lazare, pour qu'il sollicitât saint Vincent, alors à la tête des affaires ecclésiastiques du royaume. Le prieur de Saint-Lazare avait des droits, comme nous l'avons dit, au souvenir et à la reconnaissance de Vincent de Paul ; car c'est à lui que la communauté devait de spacieux bâtiments et des revenus considérables : il éprouva cependant un refus inflexible. Le prieur en fut vivement affecté. « Est-ce ainsi, lui dit-il, que vous me traitez, quand je vous ai mis ma maison entre les mains ? Est-ce ainsi que vous reconnaissez le bien que je vous ai fait, à vous et à votre compagnie ? — Il est vrai, répliqua l'homme de Dieu, que vous nous avez comblés de biens, et que nous vous avons la même obligation que les enfants ont à leur père ; mais ayez agréable, monsieur, de reprendre le tout, puisque, selon votre jugement, nous ne le méritons plus. » A ces paroles, le prieur sortit un peu fâché ; mais s'étant mieux instruit de la conduite irrégulière de l'abbesse qui avait été punie, il revint voir saint Vincent, et sollicita son pardon à genoux.

V

DOCTRINE SUR L'HUMILITÉ.

La doctrine de saint Vincent de Paul sur l'humilité est encore empreinte des plus douces inspirations d'une haute piété. Tout le bien qu'il faisait, il ne l'attribuait jamais à lui-même, mais à Dieu seul. « Si je fais une action publique et que je puisse la pousser bien avant, je ne le ferai pas, mais j'en retrancherai telle ou telle chose qui pourrait lui donner quelque lustre et à moi quelque réputation. De deux pensées qui me viennent en l'esprit pour parler sur quelque sujet, quand la charité ne m'obligera pas de faire autrement, je produirai la moindre au dehors, afin de m'humilier, et je retiendrai la plus belle pour la sacrifier à Dieu dans le secret de mon cœur; car Notre-Seigneur ne se plaît que dans l'humilité du cœur et dans la simplicité des paroles et des actions. »

« L'humilité, disait-il dans une autre occasion, est une vertu si belle, si difficile et si nécessaire tout à la fois, que nous n'y saurions assez penser; c'est la vertu de Jésus-Christ, la vertu de sa sainte Mère, la vertu des plus grands saints; enfin, c'est la vertu des missionnaires, j'entends que c'est la vertu dont ils ont le plus de besoin dans leur pénible carrière. Sachez, mes frères, que celui qui veut devenir un parfait missionnaire, doit travailler sans cesse à acquérir cette vertu d'humilité, et se donner garde de toutes les pensées d'orgueil, d'ambition et de vanité, comme des plus grands ennemis qu'il puisse avoir, leur courir sus aussitôt qu'ils paraissent, et veiller exactement pour ne leur donner aucune entrée. »

On cite plusieurs traits qui prouvent mieux encore jusqu'à quel point Vincent de Paul portait cette sainte vertu d'humilité. Accompagnant un jour un ecclésiastique, il rencontra à la porte de Saint-Lazare une pauvre femme qui lui demanda l'aumône, en lui donnant le titre de Monseigneur. Saint Vincent lui répondit tout à coup : « O ma pauvre femme ! vous me connaissez bien mal ; car je ne suis qu'un porcher et le fils d'un pauvre villageois. »

Une autre personne se recommandait un jour à ses prières : « Je vous offrirai à Dieu, lui dit-il, puisque vous me l'ordonnez ; mais j'ai besoin du secours des bonnes âmes, plus qu'aucune autre personne du monde, pour les grandes misères qui accablent la mienne et qui me font regarder l'opinion qu'on a de moi comme un sentiment de mon hypocrisie, laquelle me fait passer pour un autre que je ne suis. — Vous êtes un parfait chrétien, lui disait un prélat. — O Monseigneur ! que dites-vous ? Moi, un parfait chrétien ! On me doit plutôt tenir pour un damné et pour le plus grand pécheur de l'univers. »

Dans les assemblées de piété et de bienfaisance où se trouvait souvent saint Vincent, on voyait briller cette humilité sainte qui le portait sans cesse à déférer aux sentiments des autres. Jamais il ne cherchait à faire valoir son opinion propre ; il l'exposait avec simplicité, et jamais de sa bouche ne sortirent ces paroles d'orgueil qui semblent imposer l'obéissance dans les conseils. Un jour, l'une des dames de la compagnie s'étant aperçue que saint Vincent suivait toujours le sentiment des autres plutôt que le sien propre, en conçut de la peine, et ne put s'empêcher de lui reprocher doucement qu'il n'était pas assez ferme dans ses desseins, bien qu'ils fussent les meilleurs. « A Dieu ne plaise, répondit-il, que mes chétives pensées puissent jamais prévaloir sur celles des autres; je suis bien aise que le bon Dieu fasse ses affaires sans moi, qui ne suis qu'un misérable. »

Plusieurs fois, lorsqu'il demeurait encore au collége des Bons-Enfants, on le vit se mettre à genoux devant sept à huit prêtres qui composaient cette confrérie, déclarant en leur présence les péchés les plus grands de sa vie passée. De quoi ils furent grandement touchés, admirant la force de la grâce en leur supérieur, par laquelle il renonçait si courageusement à cette inclination naturelle qu'ont tous les hommes à cacher leurs péchés; il tâchait, en leur découvrant ses fautes, de détruire en eux tous les sentiments d'estime qu'ils pouvaient avoir pour lui. Il avait cette habitude tous les ans, au jour de son baptême, de se mettre à genoux devant sa communauté et de demander pardon à Dieu de tous les péchés qu'il avait commis depuis tant d'années que sa bonté le souffrait sur la terre, priant la compagnie de lui pardonner tous les sujets de scandale qu'il pouvait avoir donnés et de demander pour lui miséricorde à Dieu. »

La simplicité de mœurs et d'habitudes est la conséquence de l'humilité chrétienne, écoutons saint Vincent sur ce sujet : « La simplicité nous fait aller droit à Dieu, sans biaisement et sans aucune vue de propre intérêt ni de respect humain. Notre-Seigneur nous a fait connaître combien la simplicité lui est agréable, par ces paroles qu'il adresse à Dieu son Père : *Je reconnais*, mon Père, *que la doctrine que j'ai reçue de vous et que je répandrai parmi les hommes, n'est connue que des petits et des simples, et que vous permettez que les sages et les prudents du monde ne l'entendent pas, et que le sens et l'esprit de cette divine doctrine leur soient cachés.* »

Un jour qu'il donnait des règles de conduite à quelques missionnaires qui allaient évangéliser dans une province dont les habitants étaient plus instruits et plus adroits, il leur fit l'allocution suivante : « Vous allez dans un pays difficile, parce que les hommes y sont fins ; or, si cela est, le meilleur moyen de leur profiter est d'agir avec eux dans une grande simplicité; car les maximes de l'Evangile sont entièrement opposées aux façons de faire du monde, et comme vous allez pour le service de Notre-Seigneur, vous devez aussi vous comporter selon son esprit, qui est un esprit de droiture et de simplicité ; soyez simples dans vos habits, simples dans vos manières, simples dans vos cœurs et en toute chose, Dieu bénira vos travaux. »

VI

PRUDENCE ET SAGESSE DE SAINT VINCENT.

Jésus-Christ parlant à ses apôtres s'exprime ainsi : *Soyez en tout simples comme des colombes et prudents comme des serpents*. Ces paroles nous font assez voir que la simplicité du cœur que demande l'Evangile, n'exclut pas cette haute prudence, vertu nécessaire dans la conduite des affaires du monde. Saint Vincent avait un esprit éclairé, un esprit sage ; ses maximes sur la prudence peuvent encore être recueillies avec fruit, parce qu'elles sont marquées au coin de la plus haute philosophie : « C'est le propre de la prudence, annonçait-il un jour à sa communauté, de régler et de conduire les paroles et les actions; c'est elle qui fait parler sagement et à propos, et qui fait qu'on s'entretient avec circonspection et jugement des choses bonnes de leur nature et circonstance, et qui fait supprimer ou retenir dans le silence celles qui vont contre Dieu ou nuisent au prochain, ou qui tendent à sa propre louange ou à quelque mauvaise fin ; cette même vertu nous fait agir avec considération, maturité, et par un bon motif en tout ce que nous faisons, non-seulement quant à la substance de l'action, mais aussi quant aux circonstances, en sorte que le prudent agit comme il faut, quand il faut, et pour la fin qu'il faut : l'imprudent, au contraire, ne prend pas la manière ni le temps, ni les motifs convenables, et c'est là son défaut, au lieu que le prudent, agissant discrètement, fait toutes choses avec poids, nombre et mesure. » Il disait encore une autre fois, « que c'était un effet de prudence et de sagesse, non-seulement de parler bien et de dire de bonnes choses, mais aussi de les dire à propos, en sorte qu'elles fussent bien reçues et qu'elles profitassent à ceux à qui l'on parlait; que Notre-Seigneur en avait donné l'exemple, lorsque, parlant à la Samaritaine, il prit occasion de l'eau qu'elle venait de puiser, pour lui parler de la grâce et lui inspirer le désir d'une pareille conversion. »

Toute la vie de saint Vincent de Paul fut elle-même un modèle de prudence et de sagesse ; si ses institutions vivent aujourd'hui, c'est que les fondements en furent jetés avec ce haut discernement qui caractérisait le serviteur de Dieu ; il y avait quelque chose de fort et de durable dans les établissements qu'il fondait ; ce grand saint creusait jusqu'au fond du cœur de l'homme pour s'emparer de tous les sentiments impérissables, et bâtir ensuite un édifice chrétien sur cette noble base.

Aux vertus des philosophes le chrétien doit unir d'autres devoirs ; il n'y a rien de plus grand et de plus élevé dans la vie des fidèles que la mortification, et nous ne parlons pas ici seulement de cette mortificationde la chair, de ces devoirs ascétiques de la pénitence, mais de cette vertu qui consiste dans le renoncement de toutes choses. Les mémoires contemporains nous donnent sur l'abnégation entière de saint Vincent des détails précieux que nous allons rapporter.

Le saint homme avait fait vœu d'embrasser la pauvreté ; il ne voulut jamais avoir rien en propre, et tous les biens qui lui furent donnés ou qu'il gagna durant une longue vie, il les mit dans sa communauté ; il ne voulut jamais avoir de chambre qui lui fût destinée ; il changeait continuellement, et lorsqu'il en choisissait une, il la voulait sans ornement, sans glace, sans tableau ; lorsqu'il allait au réfectoire, on le vit souvent s'écrier : « Ah ! misérable, tu n'as pas gagné le pain que tu manges. » Son vêtement consistait en une soutane fort usée ; ses habits de dessous étaient souvent déchirés. On le vit dans la galerie du Louvre, traversant le palais de nos rois dans ce modeste costume, et jamais un ornement quelconque ne le distingua de la foule des autres prêtres. Dans la campagne, il demandait l'aumône, et on rapporte qu'à Saint-Germain-en-Laye il alla même jusqu'à quêter un morceau de pain chez un pauvre laboureur, afin de se nourrir ; cela n'empêchait pas cependant qu'il ne fût libéral, et en quelque façon saintement prodigue, lorsqu'il s'agissait de faire quelque chose pour la gloire de Dieu ou le salut des âmes ; car alors il n'épargnait rien, et l'argent était pour lui *comme du fumier ;* quelquefois il ne fit pas difficulté de s'endetter personnellement pour un si saint usage. S'adressant un jour à sa compagnie, il lui rappela que le premier devoir du chrétien est la pauvreté. « Vous devez savoir que cette vertu de pauvreté est le fondement de cette congrégation de la mission ; cette langue qui vous parle n'a jamais, par la grâce de Dieu, demandé autres choses que celles que cette compagnie possède maintenant, et cependant il ne tiendrait qu'à nous d'augmenter nos richesses et notre considération ; mais, hélas ! que deviendrait cette compagnie, si l'attachement aux biens de ce monde s'y met? que deviendrait-elle, si elle donne entrée à cette convoitise des biens de ce monde ? Quelques grands saints ont dit que la pauvreté était le lien des communautés religieuses. C'est en effet ce qui les délie de toutes les choses de la terre et les attache parfaitement à Dieu. O Sauveur ! donnez-moi cette vertu qui nous unit inséparablement à votre service, en sorte que nous ne veuillions et ne recherchions plus désormais que votre seule et pure gloire ! »

Nous n'avons présenté ici que les traits généraux des maximes et de la conduite de saint Vincent ; il nous serait facile de célébrer encore son égalité d'esprit, sa douceur, sa charité ; mais ces tableaux rentrent nécessairement dans la biographie du saint pasteur, et c'est là où nous avons cherché à faire ressortir les grands traits de cette belle existence ; d'ailleurs, les bornes indiquées pour cet ouvrage ne nous permettent pas de nous arrêter plus longtemps sur des circonstances isolées qui n'offrent que de faibles couleurs à côté des actions plus grandes que nous avons eu soin de réunir dans les précédents chapitres.

CONCLUSION.

Saint Vincent de Paul n'avait pas besoin de nos éloges ; mais la société a besoin de ses vertus. Le Ciel l'a récompensé, mais il faut que la terre l'imite, et l'Église, en mettant une couronne sur une tête aussi belle, a voulu sans doute acquitter tout à la fois une dette sacrée et proclamer des leçons profitables et fécondes. Puisse cet écrit avoir atteint le double bonheur dans les faits et de la sagesse dans les conseils ! Historien religieux, nous avons raconté tous les titres de saint Vincent de Paul aux honneurs de l'Église ; nous avons aussi voulu faire sortir de tant de détails intéressants une morale animée, exposer tous les droits d'un saint à l'imitation des hommes, proposer enfin comme un modèle de vie pratique celui qui est un exemple de vie bienheureuse.

Que tous lisent cette vie d'un saint qui a des exemples pour toutes les classes, des conseils pour tous les états, des consolations pour toutes les infortunes ; cette vie de journées chrétiennes toutes remplies. En la méditant, le pauvre ne sera plus inquiet de sa pauvreté, le riche ne sera plus embarrassé de ses richesses : l'un verra que Vincent de Paul a fondé des abris à sa misère, l'autre qu'il a tracé des voies à ses largesses ; l'affilié des saintes œuvres sera soutenu dans ses travaux par l'image d'un tel patron ; la dame de charité, la mère des orphelins, en comptant tous ceux qu'il a recueillis, ne comptera plus ceux qu'elle pourra recueillir ; le magistrat sur son siége, le soldat dans la distraction des camps, les plus hautes existences et les plus basses conditions, sont sûrs d'avoir toujours un guide et un ami dans la pratique des plus rudes devoirs. C'est quelque chose qu'un livre qui peut aller droit à l'encouragement et à la consolation de toutes les âmes chrétiennes, qui peut inspirer l'héroïsme au malheur et l'enthousiasme à la vertu ; qui embrasse dans les exemples d'une seule vie tout ce que Dieu commande et tout ce que les hommes implorent. Sublime religion qui, de la vie de tels apôtres, de l'ensemble de leurs actions, fait un code de préceptes, communique à cet écrit un peu de cette popularité qu'il célèbre, que son succès se constate par des conversions et des aumônes! Les bonnes actions sont la gloire des bons livres.

FIN.

TABLE

LIVRE PREMIER.

Préface...	v
Chap. I. Enfance et éducation de saint Vincent de Paul....	2
II. Sa captivité en Barbarie.......................	7
III. Voyage de saint Vincent à Rome. — Il devient curé de Clichy..	11
IV. Saint Vincent de Paul se charge de l'éducation du fils d'Emmanuel de Gondi.......................	16
V. Idée première des associations de charité pour les pauvres et les prisonniers........................	22
VI. Fondation du collége des Bons-Enfants.........	31
VII. Fondation de Saint-Lazare.....................	35
VIII. Etablissements de charité à Paris............	39
IX. Établissement des Sœurs de la Charité pour les malades..	46
X. Fondation de l'hospice des Enfants-Trouvés.....	50
XI. Fondation des séminaires et des retraites ecclésiastiques.......................................	58
XII. Mission de saint Vincent de Paul aux armées....	62
XIII. Secours fournis par saint Vincent aux provinces envahies..	71
XIV. Saint Vincent à la cour de Louis XIV et d'Anne d'Autriche......................................	78
XV. Conduite de saint Vincent au milieu des troubles publics..	82
XVI. Conduite de saint Vincent par rapport aux doctrines de Jansénius.............................	91
XVII. Fondation de l'hôpital des vieillards........	95
XVIII. Maladie et mort de saint Vincent de Paul.....	101

LIVRE DEUXIÈME.

DES INSTITUTIONS FONDÉES PAR SAINT VINCENT.

Chap. I. Idée générale des missions établies par saint Vincent de Paul.................................... 110
II. Règles et succès des missions de saint Vincent.... 116
III. Histoire détaillée des missions de saint Vincent en France.. 121
IV. Missions en Italie et dans l'île de Corse......... 132
V. Missions de saint Vincent dans la Barbarie et les pays Musulmans.................................. 139
VI. Mission de saint Vincent à Madagascar.......... 147
VII. Réflexions générales sur les missions........... 152
VIII. Confréries de charité pour les pauvres malades. 157
IX. Institution des filles servantes pour les pauvres malades.. 171
X. Distribution de secours dans les guerres civiles.... 180
XI. Fondations ecclésiastiques....................... 186

LIVRE TROISIÈME.

MORALE DE SAINT VINCENT DE PAUL.

Chap. I. Charité de saint Vincent de Paul............... 207
II. Son amour envers Dieu, son obéissance et sa résignation.. 213
III. De la prière de saint Vincent de Paul.......... 222
IV. Force d'âme de saint Vincent................... 225
V. Doctrine sur l'humilité........................ 229
VI. Prudence et sagesse de saint Vincent........... 234
Conclusion.. 239

FIN DE LA TABLE.

www.ingramcontent.com/pod-product-compliance
Lightning Source LLC
Chambersburg PA
CBHW070531170426
43200CB00011B/2388